STOP   MOBBING

AF206828

Buch

Das zentrale Thema dieses Buches ist Mobbing. Als Phänomen taucht es in unserer Gesellschaft seit der zweiten Hälfte des 20. Jahrhunderts auf und erscheint vielen Berufstätigen an ihren Arbeitsplätzen in über 100 verschiedenen Mobbing-Handlungen. Mobbing-Forschungen versuchen, die Ursachen dieses Phänomens zu ergründen. In allen bisherigen Untersuchungen kommt dabei dem Arbeitsplatz eine maßgebliche Bedeutung als Ort des Geschehens zu. Im vorliegenden Buch wird beschrieben, wie auf unrühmliche Art und Weise Mobbing am Arbeitsplatz Schule Einzug gehalten hat. Es werden Lösungsansätze dargestellt, die nach all den Jahren der prädestinierten Mediationen und Supervisionen endlich einer konstruktiven Konfliktbearbeitung gerecht werden. Neben einer ausführlichen Sachanalyse im ersten Teil des Buches erfährt der Leser in zahlreichen Fallgeschichten nachfolgend, aber hautnah, wie es Betroffenen und deren Angehörigen erging.

Seit der Erstveröffentlichung im Jahr 2016 sind der Autorin unzählige Leserzuschriften zugegangen. Ein wichtiges Anliegen erschien vielen Lesern, dass auch die Eltern und Schüler mit einem Kapitel bedacht werden. Mobbing geht auch an diesen Gruppen nicht vorbei. Für Schüler stellt die Schule als Lernort in gewisser Weise auch ihren Arbeitsplatz dar, der durch die Eltern wahrgenommen, besucht und mitgestaltet wird. Diese Neuauflage kommt den Wünschen gern nach.

Autorin

Nele Hansen ist Pädagogin, Referentin und Autorin. Sie verfasste bereits mehrere bildungspolitische Fachaufsätze und ist als Referentin in einem renommierten Fortbildungsinstitut tätig. In ihren Schulungen und Kursen fand über mehrere Jahre hinweg ein umfangreicher Austausch mit Menschen statt, die im System Schule unter Mobbing litten, sich befreiten oder dem Phänomen erlagen. Aus diesem Umfeld heraus entstand die Grundlage für das Buch in seinen nun vorliegenden zwei Fassungen.

Nele Hansen

Mobbing in der Schule

Ein Ratgeber für Lehrer, Schüler und Eltern

Bibliografische Information der Deutschen Nationalbibliothek:
Die Deutsche Nationalbibliothek verzeichnet diese Publikation in der Deutschen Nationalbibliografie; detaillierte bibliografische Daten sind im Internet über http://dnb.dnb.de abrufbar.

Herstellung und Verlag:
BoD – Books on Demand,
Norderstedt
https://www.bod.de/

2. Auflage
Vollständige Taschenbuchausgabe
© 2023 Nele Hansen

Kontakt: www.lehrerratgeber.com
        nelehansen@gmx.net

Lektorat: Jan Lursen
Bilder: Alle im Buch verwendeten Bilder stammen von der lizenzfreien Datenbank pixabay.com.
Printed in Germany

ISBN: 978-3-744-88142-5

MIX
Papier aus verantwortungsvollen Quellen
Paper from responsible sources
FSC® C105338
FSC
www.fsc.org

Inhalt

Kluge Menschen erörtern ihre Ideen.

Normale Menschen sprechen über Ereignisse.

Und dumme Menschen? Die reden über andere!

(Erkenntnisse)

Zu diesem Buch

Lebt ein Mensch nach einer schweren Mobbing-Attacke einfach so weiter als wäre nichts passiert? Definitiv nicht – und wer Pech hat, erlebt sogar Wiederholungen der Geschehnisse wie ein Déjà-vu.

Unzählige Betroffene erleben nach psychischer Gewalt an ihrem Arbeitsplatz, dem Lernort Schule, über viele Monate hinweg physische und psychische Zusammenbrüche. Nach langer, krankheitsbedingter Abwesenheit begeben sie sich wieder an ihre Wirkungsstätten und hoffen darauf, dass sich alles bereinigt hat. Ein Trugschluss, den viele Mobbing-Opfer erfahren; die Mobbing-Gefahr bricht erneut über sie hinein und sie erleben abermals Schikanen, Lügen und Anfeindungen.

Erschwerend kommt hinzu, dass viele Lehrer den Umstand vorhersehen und deshalb direkt aus dem Krankenstand heraus um Versetzung bitten. Dieser wird allerdings nur in den seltensten Fällen entsprochen. Oder aber, und das setzt dem Phänomen im System Schule geradezu die Krone auf, auch nach der Versetzung an eine neue Schule sind mobbende Kollegen aktiv. Die Fortsetzung der psychischen Gewalt nimmt ihren Lauf. Individuelle Folgen reichen dann von chronischen psychosomatischen Beschwerden über Persönlichkeits- und Verhaltensveränderungen bis hin zum Suizid.

Der inhaltliche Schwerpunkt liegt auf Mobbing unter Lehrern, da sich an der stiefmütterlichen Thematisierung auch leider nach Erscheinen etlicher wissenschaftlicher Publikationen wie beispielsweise „Mobbing am Arbeitsplatz Schule" von Reinhold S. Jäger (Jäger, Reinhold S.: Mobbing am Arbeitsplatz Schule, Wolters Kluwer Deutschland GmbH, Köln 2014) nicht viel geändert hat, sodass es umso mehr von Nöten ist, eine weitere Aufarbeitung vorzunehmen.

Es gibt jedoch auch andere klassische Situationen in der Schule. Einzelne Schüler oder Schülergruppen suchen sich Opfer aus der Mitschülerschaft heraus, die sie systematisch fertig machen. Daneben gibt es auch Lehrer, die einzelne Schüler mobben. Als Eltern sollten Sie nicht tatenlos zusehen, sondern aktiv werden und dem Kind gezielt helfen. Das gilt für Eltern mobbender und gemobbter Kinder gleichermaßen.

Das **Buch richtet sich** dieses Mal also **an Lehrer, Schüler und Eltern zugleich**. Das nötige Faktenwissen habe ich fachgerecht, aber verständlich für Sie zusammengefasst. Erfahren Sie daneben mehr über mögliche Strategien, die sich anbieten, Mobbing einzudämmen und wenn möglich, zu bekämpfen. Probieren Sie Empfehlungen und Ratschläge aus, die für alle Beteiligten an den passenden Stellen eingearbeitet sind. Schlagen alle Versuche fehl, finden Sie am Ende des Buches professionelle Hilfsangebote.

Im zweiten Teil des Buches bekommen Sie Fallgeschichten Betroffener zu lesen. Sie sollen Mobbing-Opfern, die in unserer Gesellschaft leben, spüren lassen, dass sie nicht allein sind mit ihren Sorgen, dass auch anderen genau das passiert, was ihnen gerade passiert – getreu dem Motto: Geteiltes Leid ist halbes Leid.

In einem Vortrag hörte ich unlängst, dass man sagt, die Zukunft wäre von der Vergangenheit bestimmt. Dabei hat der Redner leider nicht gesagt, dass auch das Gegenteil der Fall sein kann. So, wie die letzte Seite eines Buches alles verwandeln kann, was man vorher gelesen hat, ist manchmal die Fortsetzung einer

Geschichte solch eine Umkehrung. *Noch immer gefangen im System Schule* bzw. *Was, wenn es wieder passiert* sind zwei Fallgeschichten, die solche gegensätzlichen Fortsetzungen behandeln. Die Zukunft von Ereignissen, wenn auch in Unkenntnis über das zu erwartende Ausmaß, bestimmte hier meist längst Vergangenes.

Als Ausweg blieb nur das Dach stellt mit Abstand die schlimmste Ausprägung von Mobbing dar. Diese Geschichte zeigt, wie weit Mobbing gehen kann, wenn Schule es als Ort des Geschehens nicht endlich schafft, Mobbing-Phänomene zu verhindern oder zumindest so einzuschränken, das Betroffene nicht um Leib und Leben bangen müssen. Die Chance ist da, es ist Zeit, sie zu ergreifen. Das gilt für alle Beteiligten, die dem System Schule angehören.

Ein umfangreicher Austausch mit Menschen des Systems Schule hat dieses Buch in seiner Neuauflage entstehen lassen.

Nele Hansen, im März 2023

I

Das Phänomen Mobbing

am Arbeitsplatz Schule

„Lehrer"

Der Kontext von Mobbing und Schule ist vielen von uns hinreichend bekannt. Dennoch liegen uns kaum Berichte vor, die sich mit **Mobbing unter Lehrkräften** beschäftigen. Beinahe stiefmütterlich erfolgt die Berichterstattung in den öffentlichen Medien dazu, was nach umfassenden Recherchen aus den folgenden Gründen geschieht:

*Für den Lesefluss wird nachfolgend nur „die Lehrkraft", „der Lehrer" bzw. „der Schüler" genannt. Inhaltlich werden allerdings an allen Stellen alle Geschlechter gleichermaßen angesprochen.

(1) Lehrkräfte leisten ihre Arbeit innerhalb des öffentlichen Dienstes und sind zumeist verbeamtet – offen vor eine Kamera zu treten, öffentlich Namen von Peinigern (Lehrerkollegen) oder Orten (Schulen) bekannt zu geben, von denen Mobbing ausgeht, verbieten hinreichende Regelwerke des Dienstrechts des jeweiligen Bundeslandes.

(2) Verbeamtete Lehrer haben eine Loyalitätspflicht gegenüber ihrem Dienstherrn zu erfüllen. Restriktiv ausgelegt verbietet diese jegliche Kritik an den Bedingungen des Dienstortes und seiner Vorgesetzten. Bei Zuwiderhandeln in Form von öffentlichen Bekundungen über Missstände am Dienstort durch eigene Kollegen oder gar den Dienstherrn (laut Jäger erfolgt direktes Mobbing zu 54,09 Prozent durch Schulleitungsmitglieder) drohen Dienstaufsichtsbeschwerden, Einträge in die Personalakte, eine Umkehr der Ereignisanlastung (das Opfer wird zum Täter gemacht) bis hin zur geplanten Entfernung aus dem Dienst desjenigen, der offen seine Meinung äußert. Wer öffentlich bekannt gibt, dass er an seinem Dienstort gemobbt wird und damit behauptet, dass an seinem Dienstort Missstände vorherrschen, ist quasi erledigt. In

der Loyalitätspflicht liegt einer der Hauptgründe für das Schweigen.

(3) Aufgrund der wie Pilze aus dem Boden geschossenen zahlreichen Schulformen und Schularten in einem vielgliedrigen Bildungssystem haben sich Schulen zu Konkurrenzunternehmen entwickelt, die alle darauf bedacht sind, ihren guten Ruf zu wahren. Demzufolge sorgen Schulleitungen und Schulaufsichtsbehörden zur Genüge dafür, Mobbing unter Lehrkräften geheim zu halten und eher für Endlösungen der Opfer als für ein gutes Schulklima zu sorgen.

(4) Es ist beinahe unmöglich, sich umgehend an einen anderen Dienstort versetzen zu lassen. Versetzungsanträge müssen begründet werden, worin schon wieder der Hase im Pfeffer begraben liegt. Gibt ein Lehrer im Antrag an, dass er wegen gegen ihn gerichtetes Mobbing versetzt werden möchte, wird er zum Gespräch gebeten. Daraufhin nimmt die Sache einen unangenehmen Lauf. Also gibt er lediglich an, man möchte ihn aus persönlichen Gründen versetzen. Dann kann er damit rechnen, dass die ersten Anträge (nach Recherche die ersten fünf bis sieben, halbjährlich gestellt, macht drei bis vier Jahre!) aus schulorganisatorischen Gründen abgelehnt werden. Geholfen ist dem gemobbten Lehrer damit nicht. Er schweigt, schluckt alles runter und hofft darauf, dass die Schikanen alsbald von selbst wieder verschwinden.

(5) Nicht selten deuten Lehrer selbst eindeutige Mobbing-Signale nicht oder falsch. Es gibt für sie einfach nur gute und schlechte Tage, über die Formen der erlebten Schikanen und Anfeindungen gegen sie denken sie nicht nach. Haben sie mehr schlechte als gute Tage, gehen sie zum Arzt und leiden unter der

einschlägigen Berufskrankheit der Lehrer: Burnout. Dass sie tatsächlich gemobbt wurden in einem schleichenden, aber unaufhörlichen Prozess, ist ihnen nicht bewusst geworden. Und so werden sie unter einer falschen Diagnose behandelt und in der Statistik geführt. In dieser Schule gab es demnach kein Mobbing unter Lehrern, es wird niemand darüber berichten können.

Betroffene Lehrer verschweigen aus den genannten Gründen, dass sie gemobbt werden, so dass die Öffentlichkeit in dieser Hinsicht uninformiert bleibt. Mobbing ist ein Phänomen, welches nicht nur unter Schülern oder zwischen Lehrern und Schülern auftritt. Mobbing hat sich stillschweigend in viele deutsche Lehrerzimmer eingeschlichen und nimmt mittlerweile Ausmaße an, die sich nicht mehr verdecken lassen. Die Statistik der krank gemeldeten Lehrer steigt und steigt, leider wird diese allzu wenig hinterfragt. Rückenschmerzen und Atemwegserkrankungen sind eigentlich auf hintere Plätze zu verweisen. Denn Folgeerkrankungen aufgrund von Mobbing, würde sich jemand mit den Ursachen für Erkrankungen im Lehrerberuf intensiv beschäftigen, nähmen eindeutig einen der vorderen Plätze ein.

Wie bereits erwähnt: Der Kontext von Mobbing und Schule ist vielen bekannt, das Phänomen Mobbing mit Schwerpunkt „unter Lehrern" nicht.

Wovon sprechen wir, wenn wir die Begrifflichkeit Mobbing verwenden?

Wörter wie Mobbing oder mobben tauchen seit der zweiten Hälfte des 20. Jahrhunderts auf und sind seinerzeit aus dem Englischen übernommen worden. „to mob" lässt sich übersetzen mit schikanieren, anpöbeln, angreifen, bedrängen und über jemanden herfallen; „mob" steht für Meute, Gesindel, Pöbel oder auch Bande.

In der `Eindeutschung` kam es ableitend von to mob und mob zum Wort Mobbing, welches heute für **Psychoterror**, meist am Arbeitsplatz steht.

Der Ort Schule ist ein Arbeitsplatz im klassischen Sinne für Beschäftigte, egal ob als Angestellter oder Beamter, wie wirtschaftliche Betriebe oder Unternehmen für ihre Arbeitnehmer auch. Bezogen auf den Arbeitsplatz Schule bezeichnet der Begriff Mobbing eine besondere Art von Gewalt, bei der einer Person von einer oder mehreren stärkeren Personen, die alle im Kontext Schule zu sehen sind (in der Regel Kollegen oder Schulleitungsmitglieder), mehrfach Schaden zugefügt wird, und zwar absichtlich, wiederholt und über einen langen Zeitraum.

Dabei strahlen die stärkeren Personen nicht ausschließlich nur körperliche, sondern in der Mehrheit aller Fälle psychische Überlegenheit aus. Die geschädigte Lehrkraft erlebt ein anhaltendes Gefühl der Hilflosigkeit. Sie ist der stärkeren Person nicht gewachsen, kann entstandene Situationen nicht bewältigen und manövriert sich zunehmend in eine für sie aussichtslose Situation.

Wichtig ist bei der Verwendung der Begrifflichkeit Mobbing die klare **Unterscheidung zu gewöhnlichen Konflikten**. In Konfliktsituationen treffen unterschiedliche Interessen, Meinungen und Bedürfnisse aufeinander. Solche Konflikte sind in der Regel belastende Auseinandersetzungen, die allerdings nicht immer automatisch negativ behaftet sein müssen.

Konflikte herrschen in jeglichen Institutionen vor, sie gehören zum Berufsalltag dazu. Konfliktfreie Arbeitsbereiche gibt es nicht. Negativ wird ein Konflikt erst dann, wenn konstruktive Lösungen fehlen oder diese ignoriert werden und alle Beteiligten auf ihrer Meinung beharren wollen.

Ein weiterer wichtiger Unterschied zum Mobbing besteht darin, dass Konfliktsituationen in der Regel nicht darauf angelegt sind, einzelne Konfliktpartner auszugrenzen, ihnen physischen oder psychischen Schaden zuzufügen, so dass der Betroffene die Schule verlässt. Wird die Belastung beispielsweise durch Stress für Lehrkräfte zu groß, und schafft es ein Konfliktpartner in solchen Situationen nicht, sie zu bewältigen, wird er zum Verlierer. Genannt wird dieser Umstand „Konflikt belastete Kommunikation". In der Regel bereinigen sich solche Situationen in den nächsten Tagen, wenn sie ohne Denunzierungen und Diskriminierungen während der Konfliktsituationen auskommen.

Das **Ziel eines jeden Mobbers** ist es aber, nicht mit Einzelhandlungen, sondern systematisch hinsichtlich bestimmter Verhaltensmuster **Betroffene aus der Schule zu ekeln**, wobei sich Mobber unter anderem durch folgende Handlungen auszeichnen:

➢ Sie verbreiten falsche Tatsachen über die Betroffenen.

➢ Sind sie in der Hierarchie höher angesiedelt, weisen sie den Betroffenen sinnlose Aufgaben zu.

➢ Sie drohen Gewalt an und üben diese auch aus. Das können auch physische Gewalttätigkeiten sein, wie Verprügeln, Treten, Schubsen, Stoßen, Bedrängen, Bewerfen oder Bespucken.

➢ Sie entziehen Betroffenen grundlos Kompetenzen und üben ständig Kritik an deren Arbeit.

➢ Sie isolieren Betroffene sozial, indem sie sie meiden oder ausgrenzen.

➢ Verbale Mobber beschimpfen ihre Opfer und drohen oder demütigen sie mündlich. Nonverbale Mobber enthalten den Betroffenen wichtige Informationen vor und gestikulieren ihre Abneigung.

➢ Mobber zerstören manchmal auch das Eigentum der Betroffenen. Das häufigste Beispiel findet sich im Zerkratzen von Autos auf dem Lehrerparkplatz.

➢ Sie treiben Psychospielchen mit den Betroffenen. Dazu werden Unterrichtsmaterialen versteckt, die Lehrertasche entwendet oder auch schon mal der Autoschlüssel an sich genommen, um das Auto des Betroffenen umzuparken, damit der Eigner sich erschreckt.

➢ Auch Cybermobbing ist möglich. Hier nutzt der Mobber verschiedene digitale Medien und verschickt für den Betroffenen schädigende SMS- oder WhatsApp-Nachrichten und E-Mails. Oder er kommentiert negativ über das Mobbing-Opfer auf diversen Plattformen des Social Media Bereichs und lädt schädigende Videos im Internet hoch.

Mischformen der einzeln aufgeführten Handlungen sind Realität und zu beobachten, wenn Lehrer ihre Kollegen mobben. Verschiedene Handlungen wechseln sich ab, gehen ineinander über oder vermischen sich. Sie alle jedoch schädigen den Betroffenen und werden nur aus diesem Grund ausgeführt.

Der Pionier unter den heute zahlreichen Mobbing-Forschern ist eindeutig in Heinz Leymann zu sehen, der als Betriebswirt, Arzt und Diplompsychologe 1955 von Deutschland nach Schweden auswanderte, um von dort aus gegen Ende der 1970er Jahre Forschungen zu direkten und indirekten Angriffen in der Arbeitswelt zu betreiben. Er war nahezu der erste, der von Mobbing in der Arbeitswelt sprach.

Mit seiner ersten Arbeit zu diesem konkreten Thema Anfang der 1990er Jahre, in der er wissenschaftliche Erkenntnisse zu Mobbing zusammenfasste, erreichte er zunächst nur in den nordeuropäischen Staaten Aufmerksamkeit. Mitteleuropa zögerte einige Zeit, die Thematik aufzugreifen. Bis heute gibt es nun zahlreiche Veröffentlichungen, ausführliche Fallbeschreibungen und auch in der Öffentlichkeit geführte Diskussionen, was Herrn Leymann, der 1999 verstarb, sicher freuen würde. Die Gruppe der mobbenden Lehrer fehlt in der öffentlichen Diskussion.

Festzustellen bleibt, dass es bei all der Öffentlichkeit lediglich Länder wie beispielsweise Spanien, Frankreich und Schweden geschafft haben, gesetzlich verankerte Bestimmungen zum Schutz vor Mobbing am Arbeitsplatz zu schaffen. Deutschland scheint auch im Jahr 2023 noch weit davon entfernt zu sein und so können nach wie vor die meisten Mobber ihr Unwesen treiben und viele ihrer Opfer ins Aus befördern, ausgenommen von einzelnen Handlungen, die das Strafgesetzbuch klar und deutlich beschreibt. Beleidigungen, üble Nachrede und Verleumdungen sind eindeutige Straftaten, die man als Opfer nicht hinnehmen muss.

Allerdings gilt: Nicht jede Auseinandersetzung zwischen Menschen ist gleich als Mobbing im juristischen Sinne zu verstehen. Das Bundesarbeitsgericht sieht vor, Handlungen und Verhaltensweisen, die man landläufig als Mobbing bezeichnet, als Belästigungen im Sinne § 3 Abs. 3 AGG (Allgemeines Gleichbehandlungsgesetz) zu betrachten und entsprechend darauf zu reagieren. Im Strafrecht selbst gibt es Mobbing als Tatbestand nicht. Lediglich einzelne Methoden des Mobbings verstoßen häufig gegen Paragraphen des Strafgesetzbuchs und können, je nach dem, was vorgefallen ist, als üble Nachrede, Beleidigung, Nachstellung (Stalking) und dergleichen bis hin zur Körperverletzung verfolgt werden.

Dazu muss Anzeige vom Opfer erstattet werden. Die Hemmschwelle für Lehrkräfte, Anzeige zu erstatten, ist jedoch groß. Sie erahnen häufig, dass die ihnen entgegengebrachten Mobbing-Methoden unter der Strafbarkeitsschwelle liegen. Und sie erahnen außerdem, dass ihnen ein Ausbleiben der Strafverfolgung noch mehr Repressalien einbringen wird. Versetzungsanträge an eine andere Schule hängen zudem von der Güte der Entscheidungsträger ab, die sich um tatsächliche Bedürfnisse desjenigen, der den Antrag stellt, kaum kümmern. Nicht selten spielen auch Parteizugehörigkeit und Vitamin B eine entscheidende Rolle.

Der Schulleiter hat ebenso wie die ihm übergeordnete Institution Schulaufsicht eine Fürsorgepflicht. An sich müssen beide die Lehrkräfte vor Mobbing schützen. Nur kommen sie derer leider selten oder gar nicht nach, auch aus dem Grund, weil Schulleiter die größte Gruppe der Mobber in Schulen darstellen. Professor Reinhold S. Jäger weist in seinem Buch „Mobbing am Arbeitsplatz

Schule" mittels einer durch Befragung von Lehrkräften dargestellten Untersuchung genau auf, dass Lehrkräfte, die direktes Mobbing in der Schule erfahren, zu 54,09 Prozent von der eigenen Schulleitung gemobbt werden, Kollegenmobbing erfolgt zu 48,36 Prozent (Quelle: Reinhold S. Jäger, Mobbing am Arbeitsplatz Schule, Carl Link Verlag, Wolters Kluwer Deutschland GmbH, Köln, 1. Auflage, 2013, Seite 67).

Wie entsteht Mobbing an Schulen?

Die Ursachen von Mobbing begründen sich in verschiedenen Faktoren. Zunächst ist ein Zusammenkommen von **situativen Faktoren** und den jeweiligen **Persönlichkeitsmerkmalen** der Opfer und Täter zu betrachten. Allein schon aufgrund dieser Faktoren muss festgestellt werden, dass Mobbing niemals einem einheitlichen Muster folgt. Mobbing ist immer als ein komplexer psychosozialer Prozess zu betrachten, der das Umfeld, die Beteiligten in Bezug auf ihr Wesen in zwischenmenschlichen Interaktionen sowie die gesamte Organisation und sämtliche umgebenden Bedingungen in sich birgt.

Klarer wird eine Fragestellung dahingehend, wenn man darüber nachdenkt, warum ein Mensch zum Mobber wird. Manche Forscher gehen davon aus, dass ein Mobber versucht, sein eigenes schwaches Selbstvertrauen mit ausübenden Mobbing-Attacken zu kompensieren und Opfer dann als Projektionsfläche für eigene aufgestaute negative Emotionen zu nutzen. Andere wiederum sehen eher Ursachen in der eigenen Biografie und dass es möglich ist, Mobben als Handlungsmuster erlernen zu können.

Denkbar ist, dass man es als einen gegebenen Faktor hinnehmen sollte, dass Störungen auftreten können, wenn zwei oder mehr Menschen zusammenkommen. Jeder weist schließlich eine andere Persönlichkeitsstruktur auf. Menschen müssen es halt nur schaffen, „ordentlich" miteinander zu kommunizieren (also Verständigungen untereinander nicht misslingen lassen) und eine Empathiefähigkeit zu entwickeln (Fähigkeit entwickeln, sich in Situationen anderer hineinversetzen zu können, untereinander einen emotionalen Zugang finden).

Man muss in einem Kollegium nicht gleich mit jedem „per Du" sein oder auch nicht mit jedem „einen Kaffee trinken" gehen. Aber es sollte in der Kinderstube eines jeden Menschen angelernt worden sein, die Regeln der Kommunikation und Beziehungsgestaltung einhalten zu können. Und gerade bei Lehrern sollte dieses zu erwarten sein, da sie nicht nur verantwortlich sind für Bildung, sondern auch für Erziehung. Jungen Menschen sollten sie ein Vorbild sein.

Was sich eher als Ursachen von Mobbing in Schulen belegen lässt und offen sichtbar wird, sind so genannte **strukturelle Bedingungen**. Diese lösen Mobbing am meisten aus, da die Mobber sie als Waffe wie eine soziale Sanktion nutzen in einem Wettstreit um Anerkennung, Wertschätzung und Aufstieg um höhere Posten. Strukturelle Einzelfaktoren, wie mangelhafte Kommunikations- und Informationsstrukturen (unangepasster Ton, Vorenthaltung von Information bzw. misslungene Weitergabe), Über- und Unterforderung von Lehrkräften, schlechte Arbeitsorganisationen (Stundenplan, Konferenzen), mangelnde Handlungsspielräume und Einengungen (Nicht Zulassen kreativer Arbeitsweisen, permanente

Kontrollen) sowie unklare Zuständigkeiten (wer ist für was zuständig; die linke weiß nicht, was die rechte Hand tut) sind nur einige Beispiele.

Begünstigend wirken für die Entstehung von Mobbing immer auch Vorgesetzte, die „Wasser predigen und Wein trinken", und Lehrkräfte, die sich untereinander als Konkurrenten sehen in Bezug auf das Ansehen, beispielsweise bei Schülern oder Eltern und wo eine Organisationskultur im Schulhaus herrscht, die keine hemmenden Mechanismen für Mobbing aufweist. Übel wird die Betrachtung dahingehend, wenn Mobbing in der Schule als Strategie genutzt wird, wenn es darum geht, ungeliebte Lehrerkollegen entsorgen zu wollen. Meist zielt die Strategie darauf ab, den Kollegen in die Dienstunfähigkeit zu manövrieren, was leider Gottes auch sehr oft gelingt.

Zumeist entwickelt sich Mobbing in vier Etappen und nur ein sauber geführtes Mobbing-Tagebuch vermag einem Betroffenen im Nachgang noch genau belegen, wie es eigentlich zur Mobbing-Situation kam.

Etappe 1: Meistens liegt es an einen ungelösten Konflikt. Jeder weist jedem die Schuld an diesem Konflikt zu. Vorwürfe, Beleidigungen und persönliche Angriffe untereinander folgen dem Ganzen. Alle Konfliktpartner sind unfähig oder nicht willens, konstruktive Lösungen zu finden oder anzunehmen.

Etappe 2: Jetzt tritt der eigentliche Konflikt fast in den Hintergrund, da Etappe 1 Opfer und Täter auf eine hohe persönliche Auseinandersetzungsstufe gebracht hat, anstatt die reinen Fakten im Auge zu behalten. Angriffe gegen das Opfer wiederholen sich und die betroffene Person wird nun immer häufiger und systematisch Schikanen ausgesetzt. In dieser Etappe kann es sogar vorkommen, dass das eigentliche Opfer noch gar nicht registriert hat, dass es gemobbt wird, sondern dass sich „nur" ungute Gefühle breitmachen und deren Deutungen noch etwas auf sich warten lassen. Doch der Täter ist gnadenlos, sodass dem Opfer nach einer gewissen Zeit klar wird, dass er Mobbing, und damit Psychoterror ausgesetzt ist. Ein Gefühl der Hilflosigkeit kommt beim Opfer auf. Der Täter bemerkt dieses schnell und nutzt es schamlos aus. Häufig meldet sich das Opfer ab jetzt immer wieder krank, da es sich in seinem Zustand nicht vor Schülergruppen präsentieren kann oder Kollegen begegnen möchte. Die physische Verfassung verschlechtert sich dahingehend, dass Übelkeit und Erbrechen aufkommen, Pulsrasen und Gewichtsabnahme hinzukommen (bei manchen auch Gewichtszunahme durch Fressattacken) und man es dem Opfer schon im Gesicht ansieht, dass es ihm schlecht geht (tiefe Augenringe, starrer Blick, kein Lächeln, wenig Regung, bei Kleinigkeiten feuchte Augen). Psychisch nimmt das Drama seinen Lauf, das Selbstvertrauen sinkt, das Selbstwertgefühl liegt am Boden, unruhige Nächte bringen Albträume bis hin zu Schlaflosigkeit.

Etappe 3: In dieser Phase steuert alles auf den Höhepunkt bis zum „Geht nicht mehr" zu. Der Täter vollstreckt aus seiner sich selbst geschaffenen Machtposition heraus, indem er Kollegen miteinbezieht und das Opfer zunehmend schlecht macht. Die meisten Opfer wenden sich hilfesuchend an den Personalrat oder an die Schulleitung, wenn diese nicht selbst zum Täterkreis gehört. In den meisten Fällen wird das Opfer als teamunfähig bezeichnet und sowohl Schulleitung als auch Personalrat schaffen es nicht, Lösungen für alle Beteiligten zu suchen. In der Regel wird lediglich versucht, den Störfaktor (das Opfer) irgendwie zu entsorgen – bei angestellten Lehrkräften kann die Lösung in einer Abmahnung oder auch Kündigung liegen, verbeamtete Lehrkräfte versucht man dienstunfähig „zu bekommen". Das Mittel der Wahl nennt sich: Amtsärztliche Untersuchung.

Etappe 4: Das Opfer ist körperlich und/oder seelisch am Ende. Alle Kräfte zur Gegenwehr sind verbraucht, es wird „von oben" eine Unfähigkeit bescheinigt, an der Schule verbleiben zu können. Sehr häufig wird dem Gemobbten bescheinigt, er würde den Schulfrieden stören. Abordnung, Versetzung, Dienstunfähigkeit und Frühpensionierung/Frühverrentung stehen auf dem Programm. Die soziale Welt verabschiedet das Opfer und entlässt es in eine gefährliche sich „Selbstüberlassung", was schlimmstenfalls zum Selbstmord führen kann.

Des Weiteren bleibt nach Recherchen festzustellen, dass die **Größe von Schulen** ebenfalls eine Mobbing-Ursache darstellt. Je größer die Schule, umso höher gestaltet sich auch das Mobbing-Risiko. Jedoch ist an solchen Schulen die Möglichkeit zur Konfliktsituation eher gegeben, da Konkurrenzsituationen gehäufter auftreten.

Der **gesellschaftliche Werteverfall** spielt eine weitere Rolle für Mobbing an Schulen. Normen und Traditionen, tragende Werte wie Zivilcourage, Solidarität, Ehrlichkeit, Zuverlässigkeit sind in den Hintergrund gerückt. Stattdessen werden diese gesellschaftlichen Vorstellungen durch Erfolgsdenken, Selbstbewusstsein, bedingungslosem Durchsetzungs-willen und „Wer ist der Stärkere aber nicht unbedingt der Bessere?" ersetzt. Es liegt in der Natur der Dinge, dass dadurch Konfliktsituationen einen guten Nährboden finden.

Nicht alles Neue ist auch wirklich gut. **Moderne Management-Methoden** haben in Schulen Einzug gehalten und bilden eine nicht zu unterschätzende Gefahr, wenn sie sich mit unzureichenden Führungsqualitäten der Schulleitungen paaren. Führungspositionen werden seit etlichen Jahren nicht mehr nach Leistung und Persönlichkeit besetzt. Diese Zeiten sind längst vergangen und gelten als antiquiert. Vielmehr liegt der Focus bei Bekleidung eines neuen Amtes darauf, einen Gleichgesinnten aus dem eigenen sozialen Geflecht zu wählen und zu benennen. Das macht Führungsetagen auf Dauer kaputt. Während man früher darauf achtete, frischen Wind durch externe Bewerber an die Schulen zu bringen, ist man heute eher darauf bedacht, in den heimischen Gewässern zu fischen und eigene Parteifreunde auszuwählen. Da weiß man, was man hat. Verstärkt wird das Ganze dann auch noch dadurch, wenn mit Inkompetenz behaftete Führungspersonen Neuerungen einführen, um sich einen Namen zu machen oder dadurch versuchen wollen, die Karriereleiter noch weiter zu erklimmen. Die Einführung dieser Neuerungen geschieht häufig ohne sichtbare Transparenz, sondern eher mit Willkür und Machtgehabe. Weder die Notwendigkeit noch die Sinnhaftigkeit werden so bei den Lehrkräften nachvollziehbar.

Überalterte **Kollegien** paaren sich häufig mit frustrierten Lehrkräften. Frust ergibt sich oft daraus, dass Lehrkräfte nach vielen Jahren eigenen Bemühens und persönlichen Engagements nicht den erhofften Erfolg einfahren und auch nicht entsprechend honoriert werden. Dieses führt bei den betroffenen Kollegen zu einer Art innerem

Rückzug und damit zu einer Verschlechterung der Situation für sie selbst. Innerlicher Rückzug bedeutet aufgegebener Wille zum Dialog und Lösung von Konflikten. Automatisch gerät derjenige in die Rolle des Untergebenen. Mit Einnahme dieser Rolle sind zukünftig Mobbing-Situationen vorprogrammiert.

Begünstigende Faktoren für Mobbing sollen nicht unerwähnt bleiben. Hohe Verantwortung bei durch die Schulleitung vorgegebenem geringen Handlungs-spielraum (Einengung) gekoppelt mit einer geringen Bewertung von Tätigkeiten, mit unbesetzten Stellen, Dauerstress, Zeitdruck, unverhältnismäßig verteilten Aufgabenbereichen, ausfallenden Kollegen und dadurch verpflichtenden Vertretungsstunden lassen Konflikte (später Mobbing) am Band auftreten.

Die Auswirkungen von Mobbing

Fakt ist eins: Es gibt **ausschließlich negative Auswirkungen** und es wird auch nicht wieder alles gut!

Durch die ständigen Verunsicherungen sinkt ganz automatisch das Arbeits- und Leistungsverhalten eines Mobbing-Opfers. Das geben 99 Prozent aller Betroffenen an. Die Konzentration nimmt ab, das Opfer ist ständig nervös, hat Angst und weist eventuell auch Denkblockaden, sozialen Rückzug und Ohnmachts-gefühle auf.

Wird Mobbing überwunden und das Opfer beginnt, wieder zu unterrichten, bleibt für den Rest der beruflichen Tätigkeit starkes Misstrauen gegenüber allen Personen bestehen. Nicht selten entstehen durch die Mobbing-Erfahrungen Selbstzweifel am eigenen Können. Die beruflichen Folgen gehen wie von selbst auf die Gesundheit des Opfers über und führen zu ausgeprägten psychischen und physischen Erkrankungen. Aufgrund dessen begibt sich fast jedes Opfer ab einem gewissen Zeitpunkt in ärztliche Behandlung, da es sich nicht mehr selbst zu helfen weiß. Aggressives Mobbing führt sehr oft zum Mobbing-Syndrom, welches gleichzusetzen ist mit einer posttraumatischen Belastungsstörung.

Belastend sind die beruflichen und gesundheitlichen Folgen zudem für das Privatleben. Mobbing endet nicht an der Schultür, jedes Opfer nimmt es mit nach Hause. Nicht jeder Partner oder jede Familie schafft es, dem Opfer zu helfen, es aufzufangen oder Verständnis aufzubringen. Streit mit dem Partner und den Kindern können sogar eine Trennung verursachen, die der Täter zwar nicht einkalkuliert, aber wohl genüsslich in Kauf nehmen wird.

Wirtschaftlich betrachtet führen die wochen- oder monatelangen Fehlzeiten des Opfers zum Unterrichtsausfall oder zu Vertretungsleistungen in Form von Mehrarbeit für Kollegen beziehungsweise extern eingestellten Unterrichtskräften, die nicht zwangsläufig ausgebildete Lehrkräfte sein müssen. Jüngste Kostenaufstellungen von Krankenkassen zeigen, dass die jährlichen Kosten für den medizinischen Bereich durch Mobbing (Heilbehandlungen, ambulante und stationäre Behandlungen, Rehabilitations-maßnahmen, Gutachten) im zweistelligen Milliarden-bereich in Deutschland liegen.

Langfristig betrachtet hat Mobbing enorme Langzeitfolgen. Depressionen und Angststörungen sind als häufigste zu nennen. Das paart sich mit Schwierigkeiten für das Opfer, jemals wieder Menschen vertrauen zu können, geschweige denn, Freundschaften schließen zu können.

Was tun?

Maßnahmen gegen Mobbing

„(1) Die Würde des Menschen ist unantastbar. Sie zu achten und zu schützen ist Verpflichtung aller staatlichen Gewalt." (Artikel 1 des Grundgesetzes der Bundesrepublik Deutschland)

Mobbing und die dazu verwendeten Methoden verletzen die Würde des Gemobbten. Schulleitungen, Lehrkräfte, Schulaufsichtsbeamte – sie alle sind Repräsentanten des Staates. Das Grundgesetz und die jeweiligen Schulgesetze der einzelnen Bundesländer legitimieren die Repräsentanten gegen Gewalt, wozu Mobbing gehört, vorzugehen. Umso erstaunlicher also, wie Mobbing und Gewalt negiert und verleumdet werden und Mobbing-Opfer am Arbeitsplatz Schule im Regen stehen gelassen werden, obwohl gesetzlich und auch ethisch eine Verpflichtung zum Handeln und zum Auflehnen gegen Mobbing besteht. Zumal Mobbing als eine Form von Gewalt auch jeglichem Verständnis von Demokratie zuwiderläuft.

In der Intervention besteht das oberste Gebot darin, den **Mobber zu stoppen**. Soweit möglich und soweit seelisch erreichbar, sollten Sie als Gemobbte oder Gemobbter bei Erkenntnis, dass Sie gemobbt werden, dem Täter Grenzen aufweisen. Signalisieren Sie dem Täter dieses „STOPP" nicht, wird der Täter nicht aufhören, sein Mobbing weiter fortzuführen. Werden Sie zunehmend hilfloser, sollten Sie sich unbedingt **Unterstützer und Helfer suchen**. Mobbing-Berater können Abteilungsleiter / Schulformleiter oder Schulleiter sein (wenn sie nicht selbst zum Täterkreis gehören!). Kollegen oder auch Personalräte bieten sich ebenfalls an.

In der Wahl des Personalrates sei jedoch Vorsicht geboten. Häufig hat hier auch bereits der Täter vorgesprochen. Vielerorts sind Personalräte schulleitungshörig und haben sich instrumentalisieren lassen (von übergeordneten Instanzen).

Mein Rat geht tatsächlich dahin, sich **externe Hilfe** zu suchen. Es gibt in jeder größeren Stadt mittlerweile Mobbing-Beratungsstellen. Wenn psychische und physische Gesundheitsbeeinträchtigungen zunehmen, ist es sowieso an der Zeit, sich in externe Hände zu begeben, auch juristischer Beistand ist in Erwägung zu ziehen. Eine **Rechtschutzversicherung** sollte also bereits zu Referendarzeiten abgeschlossen werden, damit kein böses Erwachen beim Erhalt der Rechnung vom Rechtsanwalt auftritt. Wer hierzu meint, in einem Verband organisiert zu sein und damit einen Rechtschutz automatisch inne zu haben, der irrt. Sehr oft sind die Täter auch dort organisiert, sodass die Übernahme der Kosten aus diesem Grund in der Regel abgelehnt wird; und da die Mobbing-Problematik sowohl in der Beweisführung als auch in der Bestrafung der Täter ein schwieriges und zeitaufwendiges Verfahren darstellt, lehnen die Verbände diesbezüglich die Übernahme des Mandats durch die Rechtsabteilung oder der Kosten ab.

Werden Gespräche mit dem Täter geführt, sollten Sie grundsätzlich darauf achten, dass Sie eine dritte Person (Person des Vertrauens) als **Zeugen** dabeihaben. Des Weiteren kann der Dritte auch als Katalysator fungieren oder die Moderation übernehmen.

Unbedingt sollten Sie ein so genanntes **Mobbing-Tagebuch** führen. Von Beginn an halten Sie als gemobbte Lehrkraft darin den detaillierten Verlauf sämtlicher Vorfälle mit Datum, Uhrzeit, Namen der Beteiligten und Namen der Zeugen fest und schreiben dazu auf, wie Sie sich gefühlt haben und welche gesundheitlichen Folgen aufgetreten sind. Das Buch gestaltet sich am besten, wenn Sie es tabellarisch führen. Bei zukünftigen Personalgesprächen (und sie werden kommen!), für den Rechtsanwalt und womöglich auch vor Gericht dient das Mobbing-Tagebuch als einziger Beweis.

Sind Zeugen bereit, zu ihren Beobachtungen und Wahrnehmungen zu stehen, fackeln Sie am besten nicht lange. Es sollte sofort eine **schriftliche Aussage** angefertigt werden, die dazu alle persönlichen Daten des Zeugen sowie Datum und Ort der schriftlichen Anfertigung enthält. Denken Sie unbedingt daran, sich das Schriftstück vom Zeugen unterschreiben zu lassen. Erfahrungen lehren leider, dass Täter Zeugen bearbeiten und es tatsächlich schaffen können, Zeugen zu manipulieren oder Angst einzuflößen. Die vorherige Aussage ist dann futsch; hat man sie allerdings schriftlich vorliegen, kann sie dennoch als Beweis verwendet werden.

Sehr oft werden Gemobbte zur **amtsärztlichen Untersuchung** geschickt. Die meisten Untersuchungen haben die Herbeiführung einer Dienstunfähigkeit zum Zweck. Das Mobbing-Opfer wird in finanzielle Not entlassen, der zuständige Schulaufsichtsbeamte hingegen hat seine Ruhe, und er muss sich nicht mehr die Mühe machen, die Ursachen zu beheben.

Zum Untersuchungstermin ist es empfehlenswert, das **Mobbing-Tagebuch mitzunehmen**. Dem Amtsarzt kann damit detailliert, umfassend und nachvollziehbar sowie chronologisch über die Erlebnisse berichtet werden, damit dieser nachvollziehen kann, was genau in den Mobbing-Handlungen und Mobbing-Situationen geschah und welche Folgen erlebt wurden. Mit Zeitdruck sollte sich ein zur Untersuchung Aufgeforderter nie abspeisen lassen, kein Arzt in Deutschland hat mehr Zeit als ein Amtsarzt. Es ist sein Job, sich alles anzuhören und noch viel wichtiger, zu protokollieren. Dieses **Protokoll**, welches in Form eines Gutachtens vom untersuchenden Amtsarzt formuliert wird, muss dem Untersuchten in Form einer **Kopie** ausgehändigt werden.

Bestehen Sie darauf, dass Ihnen die Kopie ausgehändigt wird. Bei Verweigerung beauftragen Sie Ihren Rechtsanwalt damit. Er wird Ihr Recht durchsetzen.

Damit wurde amtlich bekundet, was genau zu den Beeinträchtigungen und zu den Fehlzeiten führte. Im Falle einer zu Unrecht angeordneten Dienstunfähigkeit durch die Schulaufsichtsbehörde kann das Gutachten eventuell als Beweismittel genutzt werden. Ebenso im eventuell angestrebten Strafverfahren. Außerdem kann man damit überprüfen, ob der untersuchende Amtsarzt auch alle Angaben richtig aufgenommen hat.

Wichtig ist des Weiteren, dass Sie nicht in eine Passivität oder Starre verfallen, dass Sie sich nicht mit Ihrer Opferrolle abfinden, sondern dass Sie sich auflehnen gegen die Ungerechtigkeit, die Sie umgibt. Im Internet und im Buchhandel kann sich jedes Mobbing-Opfer mittlerweile zur Genüge mit Informationen zur

Thematik eindecken und Ratschläge zum Umgang mit der Situation sammeln.

Was ich unabdingbar finde, ist, sich einen **Ausgleich** zu **suchen**. Als Gemobbte bzw. Gemobbter sollten Sie die Schule mal Schule sein lassen, es gibt Wichtigeres im Leben. Werden Sie gemobbt, brauchen Sie körperliche Aktivitäten, um nicht verrückt zu werden. Sich seiner Situation zu ergeben, ist grundlegend falsch. Aufstehen und bewegen, am besten an der frischen Luft, lässt den Nebel der Seele verschwinden und Sauerstoff ins Gehirn pusten, damit die Denkprozesse wieder in Gang kommen. Wenn Ihnen das gelingt, werden Sie stärker.

Und noch eins: **Tun Sie sich etwas Gutes**. Ein weiteres unabdingbares Element der Anti-Mobbing-Strategie. Als Gemobbte bzw. Gemobbter sollten Sie sich ein paar Massagen verschreiben lassen oder etwas kaufen, was Sie sich schon lange gewünscht haben, auch, wenn Sie es im Moment gar nicht brauchen. Solche Aktionen „tun einfach nur gut", sie streicheln die Seele.

Weiterhin wichtig: **Essen**! Hören Sie niemals auf zu essen – sehr schwer umsetzbar, für alle diejenigen Betroffenen, bei denen sich Übelkeit und Erbrechen als psychosomatische Begleiterscheinung eingeschlichen haben. Ich weiß. Aber: Ein Mangel an Nahrung führt zu Energieverlust. Energie wird jedoch benötigt, um den Täter stoppen. Und nur darum geht es!

Eine gute Schule erlebt entweder gar kein Mobbing oder dämmt es im frühen Stadium ein. Das Zauberwort heißt Prävention und beinhaltet in seiner Wortbedeutung im Hinblick auf Mobbing eine Menge Arbeit. Präventiv kann man an einer Schule Mobbing begegnen, indem eine **gute konstruktive Zusammenarbeit** mit allen am Schulgeschehen beteiligten Personen stattfindet. Dieses bedarf einer guten Organisation des gesamten Schulbetriebes. Einige Beispiele dafür wären:

➢ Abgestimmte und vertretbare Stundenpläne

➢ Konferenzen, nur, wenn sie nötig sind mit vorgegebenen Zeitfenstern

➢ Unterbindung von übermäßiger Mehrarbeit

➢ Gerechte Arbeitsverteilung

➢ Eine hervorragende Führungskultur mit fach- und führungskompetenten Lehrkräften, die sich im Vorfeld einer Bewerbung auf eine Funktionsstelle mit ihren zu erwartenden Aufgaben vertraut gemacht haben, selbst vorgegebene Regeln und Ordnungen einhalten und stets einen angemessenen Umgangston pflegen.

Wertschätzung von Kollegen aber auch von weiteren Bediensteten im Schulhaus (Sekretärin, Hausmeister...) sollte selbstverständlich sein und fördert ganz nebenbei auch die Motivation eines jeden Kollegen.

Des Weiteren lässt sich auch am Arbeitsplatz Schule wie in Wirtschaftsunternehmen oder sonstigen Institutionen eine **Anti-Mobbing-Kultur** ganz offen **installieren**. Dazu können schriftliche Vereinbarungen, die den Umgang miteinander und untereinander regeln, verfasst werden oder es wird eine Art Leitbild entworfen. Dieses Leitbild wird sichtbar im Lehrerbereich oder aber auch offen in der Eingangshalle ausgehängt. Treten dennoch Rollenkonflikte oder Störungen bezüglich Mobbings auf, werden diese umgehend bspw. dem Mobbing-Beauftragten der Schule (dieses Amt muss geschaffen werden) gemeldet und direkt dadurch im Keim erstickt, in dem man auf das Leitbild verweist und den Mobber somit direkt in seine Schranken verweist.

Man muss nur wollen!

Dass es bis heute keine gesetzlichen Regelungen gegen Mobbing gibt, muss nicht bedeuten, dass Schule nicht handelt. Jeder ist doch bekanntermaßen seines eigenen Glückes Schmied. In sämtlichen Schulen werden zum Beispiel Hausordnungen, in denen das Zusammenleben der Schülerinnen und Schüler klar geregelt ist, selbst entworfen. So könnte es auch an jeder Schule ein Regelwerk für Lehrkräfte geben. Hierin werden Umgangsformen, Verhaltensweisen und Kommunikationsmuster klar als Wunsch definiert. Mobbing wird als unerwünscht klar und deutlich benannt und an Beispielen festgemacht. Jedem neuen Mitglied der Lehrergemeinschaft wird dieses Regelwerk ausgehändigt. Nach dem Lesen muss es unterschrieben werden. Diese Maßnahme würde an so mancher Schule eine erhebliche Wirkung zeigen und etliche Mobbing-Handlungen unterbinden. Auf diese Weise werden Mobber von vornherein in ihre Schranken gewiesen. Sie werden sich nicht trauen, an dieser Schule zu mobben. Wichtig ist allerdings, dass dieses Regelwerk regelmäßig in Zusammenkünften wie z.B. Gesamtkonferenzen erwähnt und diskutiert wird, damit es nicht in Vergessenheit gerät.

Sich gezielt zur Wehr setzen

Wenn alle „vernünftigen" Maßnahmen versagen, die sich auch als konventionelle Maßnahmen bezeichnen lassen, steht die Frage im Raum: Was nun?

Eine Antwort könnte sein: Auf zum **Gegenangriff**, plane die Gegenwehr!

Ob es sinnvoll oder angebracht ist, sich zu wehren, kann einem Gemobbten kein Dritter als Entscheidung abnehmen, sie obliegt ihm selbst und birgt sicher auch zahlreiche Gefahren in sich.

Doch eins ist gewiss, wehren Sie sich als Gemobbte bzw. Gemobbter nicht, egal ob konventionell oder mittels eines Gegenangriffes, haben Sie definitiv verloren. Mobbing hört nicht einfach so wieder auf. Es ist eine Maschinerie, bei der Zahnrad für Zahnrad ineinandergreift und den Motor des Geschehens stets am Laufen hält, mal untertourig, mal mit voller Kraft voraus.

Sich zur Wehr setzen soll nicht zwangsläufig bedeuten, eine Gegenmobbing-Strategie anzuwenden. Jener gewählte Weg könnte gefährlich dahingehend werden, dass Sie sich als Gemobbte bzw. Gemobbter selbst in einen strafverfolgungswürdigen Raum begeben, wenn die Angriffe zwischen Ihnen und Mobber heftiger werden bzw. ein unübersichtliches Ausmaß annehmen. Sie sollten sich von vornherein gut überlegen, wie weit Sie wirklich gehen wollen. Sich auf ein- und dieselbe Stufe mit dem Mobber zu begeben, ist dumm, ihn aber mit seinen eigenen Waffen zu schlagen, zeigt, dass Sie sich der Opferrolle bewusst sind und dass Sie diese Rolle verlassen möchten und auch, dass Sie in einen Krieg ziehen. In diesem geht es einzig und allein darum, die gestörte Psyche des Mobbers zu zerstören und ihm damit das Handwerk zu legen. Nicht aber darum, selbst straffällig zu werden!

Wenden Sie als Mobbing-Opfer Maßnahmen zur Gegenwehr an (siehe S. 40, Kriterien zur Gegenwehr), sollten Sie sich kontinuierlich reflektieren, um Ihre Handlungen eventuell korrigieren zu können. Niedertracht und Bösartigkeit sind außen vorzulassen, sie sind Werkzeuge des Mobbers, die Sie sich als Gegner nicht zu eigen machen sollten. Sie würden sich mit dem Mobber gleichstellen, was unterbleiben muss. Nur so kann der beabsichtigte Sieg gelingen – die Kunst des Krieges.

Bei Ihren Angriffen dürfen Sie niemals vom Opferstatus zum Täterstatus überwechseln, Sie sollten vielmehr **vom Opfer zum schlauen Gegner** werden. Sie werden ein Gegner, der einen Siegeswillen entwickelt, der darauf aus ist, dass schlussendlich der Mobber die Schule verlassen muss und nicht Sie oder zumindest, dass der Mobber Ruhe gibt.

Um letzteres zu erreichen, sollten Sie psychologische Strategien entwickeln, die den Mobber unter Druck setzen, so dass dieser infolge der angewendeten Strategien nicht mehr rational denken bzw. reagieren kann.

„Jeder macht irgendwann Fehler."

Ein Satz, den wir alle schon irgendwann einmal zu hören bekommen haben. Darauf sollten Sie in Ihren Angriffen strategisch Kurs nehmen. **Der Mobber soll Fehler machen**, die Sie sogleich für Ihre Zwecke nutzen können. **Sie drehen den Spieß ab heute um!**

Ist der Mobber psychisch unter Druck gesetzt, gibt er vielleicht irgendwann auf und das Mobbing stellt sich tatsächlich ein. Sie manövrieren sich damit aus Ihrer vergangenen Hilflosigkeit heraus und werden psychisch sowie physisch wieder gesund. Selbstbewusstsein und

Selbstachtung verlieren nicht mehr an Wert, sondern gewinnen an Zuwachs.

In der Gegenwehr wäre es das Optimalste, wenn Sie als Gegner gewinnen und die Vernichtung des Mobbers in Ihrem Ermessensspielraum liegt.

Der ungünstigste Fall ist ein Sieg des Mobbers, weil er vielleicht Ihre Strategien durchschaut und schlimmstenfalls intelligenter ist.

Siegen Sie beide, was mehr als selten eintritt, kommt es wahrscheinlich für einen von Ihnen beiden zur Versetzung. Das hat zur erfreulichen Folge, dass Sie sich los sind und sich wohlwollend Ihr Spiegelbild betrachten können.

Kommt eine Pattsituation zustande, ändert sich leider gar nichts. Sie werden auch in Zukunft damit rechnen müssen, gemobbt zu werden. Der Mobber wird wahrscheinlich nach einer gewissen Ruhezeit mit doppelter Härte zurückschlagen.

Trotz alledem bleibt festzustellen: **Handeln Sie als Gemobbter nicht, verlieren Sie in jedem Fall**. Gelingt es Ihnen aber, die Schwachstellen des Mobbers zu ergründen, können Sie gezielt darauf eingehen, bis der Mobber in die Knie gezwungen ist.

Kriterien zur Gegenwehr

Kommen wir nun zu konkreten Maßnahmen, mit denen es Ihnen gelingen kann, den Mobber zu bezwingen.

Entwerfen Sie eine **strategische Planung** mit detaillierten Aktionsbeschreibungen. Damit visualisieren Sie Ihre Schritte und setzen diese durchdachter in die Tat um.

• **Outen Sie den Mobber offen**, am besten vor dem gesamten Kollegium. Das klappt z.B. sehr gut in einem voll besetzten Lehrerzimmer. Erheben Sie Ihre Stimme und verkündeten lautstark, dass Sie von Frau/Herrn XYZ gemobbt werden. Machen Sie eine Ansage und belegen das kurz und knapp mit einem aktuellen Beispiel.

• **Machen Sie den Mobber lächerlich**. Beispiel: Befindet sich der Mobber im selben Raum, lachen Sie ihn aus, machen sich über ihn lustig und blicken ihm dabei fest in die Augen.

• **Entziehen Sie dem Mobber die Kontrolle**. Freunden Sie sich dazu mit den Freunden des Mobbers an und graben ihm so sein Kommunikationsfeld ab. Bitten Sie bei der Schulleitung um Aufgaben, bei denen der Mobber Ihnen zuarbeiten muss – so gewinnen Sie an Macht und damit die Kontrolle über den Mobber.

• **Machen Sie dem Mobber Angst**. Drohen Sie ihm z.B. mit einer Strafanzeige, erzählen Sie im Kollegium herum, dass Sie ein Mobbing-Tagebuch führen und zeigen damit, dass Sie es ernst meinen.

• **Stürzen Sie den Mobber ins Chaos**. Das gelingt nur selten, aber es ist fantastisch, wenn es Ihnen gelingt.

Nutzen Sie dazu einen öffentlichen Termin, wie z.B. eine Konferenz, auf der der Mobber etwas vortragen soll oder in der er auf eine Frage eine Antwort geben soll. Stellen Sie ihm ständig Zwischen- oder Zusatzfragen oder stellen in Abrede, was er geäußert hat.

Eine weitere Möglichkeit: Platzen Sie häufig und ohne Vorankündigung in seinen Unterricht hinein. Platzieren in diesem Raum vorher einen Gegenstand, um ihn dann angeblich abholen zu wollen. Sie haben ihn ausversehen liegen gelassen. Vor der Schülergruppe setzen Sie dann z.B. einen Spruch über das Tafelbild ab. Ganz leise, aber belustigend können Sie auch etwas einem Schüler zuflüstern, so dass dieser über den Mobber grinst, bestenfalls laut lacht.

• **Schauen Sie den Mobber sehr lange an,** bei jeder sich bietenden Gelegenheit. Kneifen Sie dabei die Augen zusammen. Das verunsichert ihn auf Dauer.

• Oder: **Nehmen Sie den Mobber nicht ernst** und behandeln ihn wie Luft. Schauen Sie dazu „durch ihn durch" und tun so, als wäre er nicht existent.

Legen Sie sich Nah- und Fernzielen fest. Sagen Sie sich dazu immer wieder vor: „In der Ruhe liegt die Kraft." Loben Sie sich selbst für kleinste Siegesschritte, die Sie erreicht haben.

Weihen Sie keinen Dritten in Ihre seine Planung ein, der auch an derselben Schule beschäftigt ist. Vertrauen Sie keinem aus dem beruflichen Umfeld, nicht in dieser Lebensphase. Alle Aktionen sollten, nein müssen, ohne Zeugen stattfinden.

Erwachen Sie aus ihrer Gesichtsstarre. Ständiges Lächeln auf den Lippen verunsichert den Mobber aufs Höchste und lässt ihn und sich mit seinen Attacken in Frage stellen. Natürlich kann es dabei passieren, dass Sie für total bekloppt gehalten werden, damit allerdings lässt es sich leben.

Reflektieren Sie sich ständig. Eine kontinuierliche Reflexion ist für Sie, den jetzigen Gegner, unabdingbar. Sie hilft, die Durchführung der Planung zu evaluieren, zu korrigieren und eine evtl. aufkommende Besessenheit zur Vernichtung des Mobbers zu stoppen.

Merken Sie, wann Schluss ist! Das sollten Sie als diejenige oder derjenige, der zum Gegnerstatus übergewechselt ist, beherzigen. Der Mobber darf beim Ge-genangriff niemals das Zepter erneut in die Hand bekommen. Kippt die Aktion der Gegenwehr in Richtung Mobber, gilt ausschließlich nur eins: **ABBRUCH!** – und eine **neue strategische Planung** entwickeln.

Während des „sich zur Wehr Setzens" sollten Sie über einen Ort verfügen, der Ihnen Kraft schenkt. Für viele ist es der familiäre Bereich in einem gemütlichen Zuhause. Andere wiederum finden im Glauben an Gott Kraft und nehmen in dieser Zeit vermehrt Kontakt zur Kirche und zur Gemeinde auf. Aber auch Orte wie Parkanlagen, Beschäftigungen wie Schwimmen im klaren See oder Musizieren jeglicher Art und Weise, Backen, Kochen usw. geben Menschen die Kraft für weitere Tätigkeiten, da sie sich in ihren gewählten Beschäftigungen entspannen.

Entspannung bedeutet abschalten, nicht nachdenken, sich fallen lassen, loslassen – und all das lässt Sie wieder auftanken für den nächsten Angriff gegen den Mobber.

Ist Mediation das beste Mittel, um Mobbing zu stoppen, zur Lösung des Konflikts?

Nein!!!

Eine Mediation bringt tatsächlich nur dann Erfolg, wenn der Täter an einer Lösung des Konflikts interessiert ist. Und ganz ehrlich, welcher Mobber ist an einer Konfliktlösung interessiert? Keiner (oder kaum jemand).

Mobber haben zum Ziel, ihre Opfer zur Strecke zu bringen, nicht aber, sie weiterhin um sich zu haben!

Wirkliche Hilfe finden Sie sind Selbsthilfegruppen und in Psychotherapien, in Gesprächstherapien bei einem Psychologen und in medizinischen Therapien.

Etliche Schulen kaufen Mediatoren für teures Geld ein und geben ihre Kollegen stundenlang in deren Hände. Natürlich wird der Erfolg am Ende öffentlich verbreitet, es hat ja schließlich auch viel Geld gekostet. Aber ob wirklich der gewünschte Effekt des „Wir haben uns alle lieb" eingetreten ist oder ob nicht alle/einige nur gute Miene zum bösen Spiel machen, steht auf der unveröffentlichten Seite des Erfolgspapiers geschrieben.

Ist es zu Mobbing-Situationen an der Schule gekommen, und ist sich das Mobbing-Opfer des Mobbings bewusst geworden, geht es ihm meist psychosomatisch derart schlecht, dass er es eigentlich gar nicht aushalten kann, mit seinem Täter oder der Tätergruppe in ein und denselben vier Wänden zu sein.

Egal, ob Sie an Ihrer Einsatzschule verbleiben möchten oder nicht, lehnen Sie stets Mediationsangebote ab. Diese bringen Sie nicht weiter, da Sie sich hier für alles rechtfertigen müssen, wofür es überhaupt nichts zu rechtfertigen gibt. Auch um private Einblicke wird gebeten, die Sie an dieser Stelle niemals preisgeben sollten. Stattdessen fragen Sie nach, ob die nachfolgend genannte Methode gewählt werden kann. Wenn nicht, stellen Sie einen Versetzungsantrag, lassen sich krankschreiben und suchen sich externe Hilfe.

* An dieser Stelle sei angemerkt, dass die Methode der Mediation eine erwiesene und wissenschaftlich belegte sinnvolle und gewinnbringende Methode darstellt, wenn es darum geht, Konflikte zu lösen. Sie soll hier nicht in Abrede gestellt oder ins Negative gezogen werden. Jedoch eignet sie sich aus Erfahrungen heraus nicht, um Mobbing-Situationen an öffentlich geführten Schulen zu beenden. An Privatschulen kann sie sehr wohl wirken, da die strukturellen Gegebenheiten andere sind.

Alternative zur Gegenwehr

Shared Responsibility Approach ist wesentlich geeigneter und effektiver und vor allem schonender für das Mobbing-Opfer, als jegliche Mediationsversuche! Außerdem bietet dieses Verfahren dem Mobbing-Opfer die Möglichkeit, an der Einsatzschule zu verbleiben und Mobbing an diesem Ort zu beenden. Sind Sie nicht der Typ oder fehlt Ihnen die Kraft zur eigenen Gegenwehr, was durchaus nachvollziehbar ist, kann Shared Responsibility Approach eine gelungene Alternativlösung darstellen.

Es handelt sich hierbei um eine **Interventionsmethode**, die sich aus No Blame Approach heraus entwickelt hat. No Blame bedeutet **ohne Schuld**. Entwickelt in England in den 80er Jahren von Barbara Maines und George Robinson haben sie die Interventionsmethode genutzt, um Mobbing-Situationen zwischen Schülern zu beenden, und zwar effektiv und in kürzester Zeit.

In Deutschland wird No Blame zwar seit Jahren durch das Team von fairaend (Konfliktberatung in Köln, siehe

S. 174) bundesweit an pädagogische Kräfte vermittelt, jedoch findet die adaptierte und weiterentwickelte Methode an deutschen Schulen bisher kaum Anwendung. Interessierte Schulleitungen hatten sich vor einigen Jahren darum bemüht, No Blame für Mobbing im Kollegium nutzen zu können. Daraufhin entstand Shared Responsibility Approach, die als schnelle und zielführende Intervention in Lehrerkollegien dazu verhelfen kann, dass akute Mobbing-Situationen beendet werden. Nach wie vor machen kaum Schulleitungen davon Gebrauch.

Die Methode setzt auf **Lösungsorientierung** und nicht auf Schuldzuweisung. Der Shared Responsibility Approach ist ein lösungsorientierter Ansatz gegen Mobbing unter Kollegen im Arbeitsbereich. Akute Mobbing-Situationen lassen sich mit dieser Methode hervorragend bearbeiten, da sie auf Ursachenforschung und die Aufarbeitung der Entstehungsgeschichte verzichtet. Ich verwende bewusst das Wort bearbeiten, weil es sich um wirkliche und tatsächlich stattfindende Arbeit handelt, zu der wenige im Lehrerberuf Lust und Interesse haben, wenn es um Probleme geht – lieber alles unter den Teppich kehren und darauf herumtrampeln. Das ist einfacher und unkomplizierter, die Verluste stecken wir weg… Shared Responsibility hingegen steht für **geteilte Verantwortung** oder auch **gemeinsame Verantwortung**, Approach für **Ansatz**. Bereits aus dieser Begriffserläuterung wird klar, dass es bei dieser Methode nicht darum geht, dass einer verantwortlich gemacht wird, sondern dass es vielmehr darum geht, Verantwortung zu teilen, sie durch mehrere Rücken zu schultern und mit mehreren Kollegen gemeinsam zu erreichen, dass alle im Kollegium sich wohl fühlen und in Ruhe arbeiten können.

Der Fokus beim Shared Responsibility Approach liegt auf der Suche nach Lösungen und auf dem sofortigen Stopp von Mobbing. Alle Mobbing-Akteure, die das Mobbing-Opfer benennt, werden in den Lösungs-findungsprozess eingebunden und werden um Mithilfe gebeten genauso wie auch Personen zur Mithilfe aufgefordert werden, die nicht direkt in die Mobbing-Handlungen involviert waren.

Es erfolgen **keine Schuldzuweisungen** und auch **keine Sanktionen**, keiner muss sich verteidigen und keiner muss sich rechtfertigen. Einzig und allein die Mithilfe zur Beendigung des Mobbings wird eingefordert, negative Ansprachen entfallen. So können sich alle Beteiligten, die als Experten für die vorliegende Situation einbezogen und nicht als Täter deklariert wurden, öffnen und aus neutralen Positionen heraus mitarbeiten.

Für das Mobbing-Opfer hat das den großen Vorteil, dass es lediglich in den ersten Schritt eingebunden ist und danach keinerlei Aktivität mehr von ihm eingefordert wird. Das ist ein sehr stark entlastender Faktor für das Opfer, da der Täter oder die Täter etwas tun müssen.

Mobbing ist nie nur als eine Interaktion zwischen dem Täter bzw. den Tätern und dem Opfer zu verstehen, Mobbing muss als Interaktion innerhalb einer Gruppe verstanden werden, wobei verschiedene Personen unterschiedliche Rollen einnehmen. Die Rollen der/s Hauptakteure/s und des Opfers sind klar zu benennen, da sie in aller Regel offen sichtbar für alle im Kollegium wahrzunehmen sind. Die Rollen der Mitläufer, Zuschauer und Wegschauer hingegen sind vorhanden, aber nicht immer sofort den einzelnen Individuen zuzuordnen. Tritt Mobbing in einem Kollegium auf, haben zumeist alle individuell ihren eigenen Beitrag geleistet an der Situation. Entweder sie wirken mit oder sie schauen weg, wobei sie auch im Wegschauen die Tat der Mobbing-Akteure dulden, da sie nicht intervenieren.

* Natürlich gibt es auch diejenigen, die meinen, gar nichts mitbekommen zu haben. Ob dem so ist, wissen die betroffenen Personen nur selbst. Es handelt sich hierbei allerdings um eine verschwindend kleine Gruppe.

Findet sich die Täterschaft in der Leitungsebene wieder, so ändert dieser Umstand nicht die bisher erwähnte Rollenverteilung. Untersuchungen ergaben, dass sich Mobbing ausgehend von Leitungskräften in der Regel noch schwerwiegender in seiner Ausprägung darstellt, da Führungskräften mehr Handlungsspielraum zur Verfügung steht als einfachen Kollegen. Sie liegen in ihrer Funktion begründet und können zu unangenehmerem und folgenreicherem Mobbing-Erleben für das Opfer führen.

Durchgeführt wird die Methode des Shared Responsibility Approach von geeigneten Führungs-kräften, die sich einer entsprechenden Weiterbildung unterzogen haben, aber auch Vertraute oder Mitglieder des Personalrates, sofern sie sich als geeignet und weitergebildet herausstellen. Die Gleichstellungs-beauftragte oder ein Externer können den Prozess ebenfalls leiten. In drei zeitlich aufeinander folgenden Schritten kann Mobbing kurz und effektiv beendet werden:

Schritt 1 = Gespräch mit dem Mobbing-Opfer

Schritt 2 = Gespräch mit der Unterstützer-Gruppe (Täter, Mitläufer und Unbeteiligte)

48

Diese Unterstützer-Gruppe wird auch Support Group genannt und steht im Zentrum des Ansatzes. Sie ist die Gruppe, die den Interventionsleiter unterstützen soll. Und sie ist die Gruppe, die die Verantwortung trägt für die Beendigung des Mobbings. Bewährt hat sich zudem, dass der Interventionsleiter weiterhin über einen Stellvertreter verfügt und mit diesem gemeinsam das Gespräch mit der Unterstützer-Gruppe führt. Die Gesprächsinhalte bestehen aus zwei Säulen:

➢ Problemschilderung: Es wird keine Schuld zugewiesen und niemand rechtfertigt sich. Die vorherrschende Situation muss verändert werden, das wird klar und deutlich besprochen! Der Interventionsleiter und der Stellvertreter signalisieren den Eingeladenen, dass man ihnen zutraut, entscheidend zur Veränderung beizutragen.

➢ Ideen für die Veränderung der Situation: Die Mitglieder der Unterstützer-Gruppe tragen Ideen zu weiteren Schritten und Aktivitäten zusammen. Anschließend werden die Aktivitäten auf Einzelne verteilt, um die Situation zu verbessern.

Schritt 3 = Nachfolgegespräche - Es erfolgen Einzelgespräche mit allen in zeitlichen Abständen von ca. zwei Wochen. Diese dienen der Ergebnissicherung und der Stabilisierung positiver Veränderungen. Das Endziel ist, dass Mobbings auf Dauer gestoppt ist.

Ein Beispiel:

1. Die beliebte und sehr engagierte Frau G. wird im Kollegium von einer Lehrergruppe gemobbt. Sie wird von einzelnen Kollegen geschnitten, ihre Beiträge auf Konferenzen und Besprechungen werden mit abfälligen Kommentaren belegt. Äußert sie sich erneut, werden die

Augen verdreht oder man hört ihr einfach nicht mehr zu. Im Lehrerzimmer wenden sich Kollegen ab, lassen Frau G. nicht an Unterhaltungen beteiligen, drängen sie in die Ausgrenzung. Nach einer Weile vernimmt Frau G. aus der Masse der Schüler- und Elternschaft, dass über sie unangenehme Gerüchte verbreitet wurden, gegen die sie sich nicht wehren kann. Innerhalb ihres beruflichen Alltags erfährt sie Schikanen verschiedener Art: Sie erhält keine z.B. Einladungen zu Besprechungen, diese wurde aus dem Lehrerfach entfernt. Daraufhin nimmt sie nicht teil, da sie von den Terminen nichts wusste, was wiederum für sie zu Unannehmlichkeiten gegenüber den Besprechungsleitern führt.

2. Die entstandene Situation belastet sie sehr stark, sie hat keine Beweise für das durchgeführte Mobbing, aber es geht ihr sehr schlecht, physisch und psychisch. Sie wendet sich nach mehreren Monaten an eine Person ihres Vertrauens in der Schulleitung.

3. Der Schulleiter bespricht sich nach mit Frau G. und beschließt mit ihr die Intervention mit dem Shared Responsibility Approach.

4. Der Schulleiter wird die Leitung übernehmen, da er als weitergebildete und qualifizierte Person geeignet ist.

5. **Schritt 1**: Frau G. wird zum Schulleiter eingeladen. In einem sehr vertraulichen Gespräch berichtet sie anhand ihres Mobbing-Tagebuchs alle erlebten Situationen. Frau G. ist froh, allein mit dem Schulleiter zu sein und nicht in Anwesenheit der Tätergruppe berichten zu müssen. Das entlastet sie. Sie ist erleichtert, dass die Schule sie ernst nimmt, ihre Probleme teilt und sich um die Lösung kümmert.

In diesem Gespräch erklärt der Schulleiter Frau G. alle geplanten Vorgehensweisen nach dem Shared Responsibility und erfragt die Zustimmung zu diesem Verfahren. Frau G. wird nach dem Benennen der Täter nun auch gebeten, Kollegen aufzuzählen, zu denen gute und positive Kontakte bestehen.

6. **Schritt 2**: Der Schulleiter lädt danach die Tätergruppe und drei weitere Kollegen (als Neutrale, von Frau G. als Positive bezeichnete) zu einem Gespräch ein. Er informiert die gesamte Gruppe darüber, dass es Frau G. nicht gut geht, dass sie häufig krank ist und dass Frau G. der Meinung ist, dass das Klima im Lehrerkollegium angespannt ist. Über genaue Details spricht er nicht. Er teilt der Gruppe jedoch mit, dass ihm das Wohlergehen aller Kollegen in der gemeinsamen Zeit an der Schule sehr am Herzen liegt und es ihm wichtig ist, ein gutes Arbeitsklima zu haben. Dieses möchte er unbedingt fordern und möchte erreichen, dass sich alle sicher am Arbeitsplatz Schule fühlen und ohne Druck und Angst in der Schule arbeiten können. Er erklärt den Anwesenden, dass er ihre Unterstützung und Hilfe benötigt, um die schwierige Situation, in der sich Frau G. momentan befindet, zu verbessern. Er könne das nicht allein regeln und habe deswegen die Anwesenden zu einem Gespräch eingeladen, um mit ihnen gemeinsam Möglichkeiten zu entwickeln, wie man zusammenarbeiten könne, ohne, dass es jemanden schlecht dabei geht. Daraufhin werden Ideen gesammelt und formuliert.

Beispiele: In den Pausen wird Frau G. zukünftig in Unterhaltungen mit eingebunden, die Teilnahme an einer Arbeitsgemeinschaft wird ihr angeboten, Gespräche im Kollegium über Frau G. werden unterbrochen, beobachtete Schikanen gegen Frau G. werden abgestellt und zukünftig unterbunden, Kollegen, die Gerüchte verbreiten, werden aufgefordert, dieses zu unterlassen usw.

Der Schulleiter bedankt sich bei der Gruppe und kündigt an, dass er in den kommenden zwei Wochen jeden einzelnen Anwesenden ansprechen wird und um eine Einschätzung der Situation bitten wird.

7. **Schritt 3**: Der Schuleiter spricht nach einer geraumen Zeit auch erneut mit Frau G. – allein(!). Ihr geht es zwischenzeitlich deutlich besser. Die Kollegen verhalten sich anders, sie erfährt weniger Demütigungen und fühlt sich etwas befreiter als noch vor Wochen. Mit einigen Kollegen klappt es nun besser, mit anderen sei es immer noch schwierig. Sie empfinde die Atmosphäre allerdings nicht mehr so angespannt und meint, dass man ihr insgesamt betrachtet, freundlicher begegne und man könne nach so kurzer Zeit auch nicht erwarten, dass man sich gleich mit allen wieder gut verstehe. Das Unterrichten mache ihr wieder mehr Spaß, die innerliche Anspannung sei einer sich auf dem Weg befindenden Entspannung gewichen.

8. In den Einzelgesprächen mit den Kollegen aus der Unterstützungsgruppe wird Frau G.s Bericht bestätigt. Der Interventionsleiter sowie sein Stellvertreter erfragen dabei die durchgeführten Aktivitäten und Maßnahmen nicht im Detail. Es soll keine Kontrolle stattfinden, sondern lediglich ein Gespräch über die veränderte Situation.

9. Der Vorgesetzte bedankt sich bei jedem Einzelnen für die Mithilfe und das nun verbesserte Klima an der Schule.

Sollte sich die Situation nicht fortlaufend zur vollsten Zufriedenheit verbessern, was sich durch

Wahrnehmungen und Beobachtungen des Interventions-
leiters und seinem Stellvertreter ergeben kann, ist
nochmals ein Gespräch mit der Unterstützer-Gruppe
ratsam und notwendig. Zweck des Gesprächs ist es dann,
zusätzliche Handlungsoptionen in Erwägung zu ziehen
und zu eruieren, woran es liegt, dass sich die Situation
nicht nachhaltig noch weiter verbessert für Frau G.

Shared Responsibility Approach hat erfolgreich die
Mobbing-Handlungen beendet, weil interveniert wurde!
Das Zuschauen und das Dulden von Mobbing haben ein
Ende, eine bestehende Situation dauert nicht fort.
Dadurch wurde ein Freiraum geschaffen, in dem aktives
Handeln stattfindet. Durch das Einbinden von Kollegen
über die Tätergruppe hinaus, hat man auch Kollegen um
Hilfe gebeten, die man häufig als Wegschauer
bezeichnet. Auf Schuldzuweisungen wurde
grundsätzlich verzichtet. Dadurch werden die
zusätzlichen Kollegen und auch die Täter zu Helfern, zu
Unterstützern – das akute Mobbing entwickelt sich
dadurch zurück. Die gesamte Gruppe sollte Lösungen
entwickeln und diese auch umsetzen und wurde somit zu
Experten erklärt. In der Zukunft werden diese Kollegen
im Rahmen der Gruppendynamik auf Entschärfung und
Normalisierung in Situationen achten, die früher zu
Mobbing-Situationen geführt haben, weil sie als
Experten sensibel geworden sind.

Diese Methode schafft das STOPP des Mobbings.
Anschließend kann sehr wohl geschaut werden, warum
es zu dieser Situation gekommen ist und ob es sinnvoll
ist, Veränderungen für alle Kollegen vorzunehmen oder
Maßnahmen anzubieten. Auch der Blick auf alle
Mobbing-Betroffenen ist zu pflegen, vielleicht sind noch
Hilfe und Unterstützung nötig.

Natürlich hilft diese Methode auch nicht immer. Aber im Ansatz bietet sie eine Chance, eine belastende Situation zu ändern und das Mobbing-Opfer dabei zu schonen. Shared Responsibility Approach stört sich an den so genannten Duldern, die im eigentlichen Sinne als Mittäter zu bezeichnen sind, da sie wegschauen, erdulden und nichts sagen. Wenn sich Stimmen allerdings erheben, kann entstandenes Mobbing nicht weitergehen.

Fazit

Es kann vorkommen, dass stattgefundenes Mobbing lediglich ein Symptom darstellt für Probleme, die wesentlich tiefer liegen und in der Struktur oder Organisation der Institution ihren Ursprung haben. Shared Responsibility Approach stoppt das akute Mobbing, was vorrangig zu erledigen ist. Im Anschluss an diese Intervention ist ein günstigeres Klima entstanden, um auch die anderen Probleme anzugehen und geeignete Lösungen zu finden. Sinnvoll kann dazu dann tatsächlich eine Mediation sein, um organisatorische Verbesserungen in Gang zu bringen und insgesamt daran zu arbeiten, dass konkrete Maßnahmen dazu verhelfen, dass eine Zusammenarbeit im Kollegium positiv gefördert wird.

Dieser dargestellte Prozess nimmt sehr viel Zeit in Anspruch und bedeutet für jeden Einzelnen, bemüht um die Sache zu sein. Aber es lohnt sich, weil sich am Ende alle besser fühlen, die Mobber, die Mobbing-Opfer, die Wegschauer und die Intervenierenden. Warum nutzen Schulen diese Möglichkeit nicht?

Anmerkungen zum Schluss...

Lehrer nehmen am Dienstort Schule grundsätzlich eine Vorbildrolle ein. Das ist für jedermann unbestritten.

Wie können nun aber Lehrer ihre ihnen anvertrauten Schützlinge zu mündigen und verantwortungsvollen Bürgern erziehen, wenn sie selbst mundtot gemacht worden sind?

Wie wollen Lehrer, denen man systemisch das Rückgrat bricht, anderen einen aufrechten Gang lehren?

Es läuft auf Duckmäusertum der Untertanen und einer Willkürherrschaft der Übergeordneten und Weisungsbefugten hinaus und ist im 21. Jahrhundert nur noch als merkwürdig zu betrachten und als nicht nachvollziehbar zu verstehen. Leben wir nicht in einem Staat, der von sich behauptet und in seinen Gesetzestexten schriftlich verankert, er sei ein demokratischer Staat? Wenn dem so ist, vielmehr so sein soll, dann braucht dieser Staat schnellstens wahrhafte demokratische Strukturen. Die Prinzipien der Gewaltenteilung zum Zweck der Machtbegrenzung und Sicherung der Freiheit und Gleichheit in Legislative, Exekutive und Judikative sollten nicht nur auf der Makroebene, sondern in allen gesellschaftlichen Bereichen vorzufinden sein, wo Herrschaft ausgeübt wird.

Für alle im Land sichtbar wird Herrschaftsausübung noch immer wie vor hundert Jahren betrieben - im **Beamtentum**. Für die einen ein Segen, für die anderen ein Fluch. Gesegnet ist der, der sich Beamter nennen darf, da er gewisse Vorzüge (z.B. Kreditwürdigkeit) und Sicherheiten (z.B. in Bezug auf den Arbeitsplatz) genießt. Dagegen steht im modernen demokratischen Deutschland jedoch eine Abartigkeit von Zwängen, die an sich kein normaler Mensch mehr gutheißen kann und unzählige Menschen auch verzweifeln lassen in der Ausübung ihrer beruflichen Tätigkeiten und sie das Beamtentum verfluchen lässt.

Stellt sich die Frage: Was benötigen wir?

Wir benötigen in unserem Land dringend, sollte das Beamtentum im Lehrerberuf aufrechterhalten werden, ganz klar ein **neues Beamtenrecht**!

In einem neuen Beamtenrecht dienen Beamte nicht mehr ihrem Dienstherrn und damit auch nicht ihrer Landesregierung. Sie dienen dem Volk und ihrem Gewissen. Damit wäre das deutsche Beamtentum gekennzeichnet durch freie Meinungsäußerung, Unabhängigkeit und einer Übernahme von persönlicher Verantwortung im Namen der Wahrheit, des Rechts und der Gerechtigkeit im Einsatz für eine echte Demokratie und einem Rechtsstaat, der somit seinen Namen verdient.

Um Qualität am Dienstort Schule zu erreichen, bedarf es der dringenden **Evaluation der Bedingungen**. Der Arbeitsplatz Schule benötigt im Gleichklang mit seinen übergeordneten Behörden **objektive und allgemein gültige Standards** mit entsprechenden Kontrollorganen zur Überprüfung der Einhaltung der Standards.

Wenn Artikel 1 des Grundgesetzes in seinem festgeschriebenen Wortlaut ernst genommen würde, hätten Lehrkräfte folgende Rechte:

✓ Eine Lehrkraft darf sich den Dienstort verbunden mit dem dazugehörigen Dienstherrn frei wählen und ohne Angabe von Gründen wechseln.

✓ Das Loyalitätsprinzip gegenüber dem Dienstherrn darf nicht willkürlich ausgelegt werden.

✓ Alle Reformen im Bildungssystem werden keinen umfassenden Erfolg erzielen, so lange die Arbeit der Lehrkräfte einer Scheindemokratie unterliegt. Diese gehört abgeschafft, die Arbeit eines Lehrers muss dringend demokratisiert werden.

Das Thema **Mobbing** unter Lehrkräften muss bereits im Lehramtsstudium sowie in der praktischen Ausbildung (Referendariat) **thematisiert** werden. Hierdurch können zukünftige Lehrkräfte auf diese besonderen Herausforderungen im gewählten Berufsfeld vorbereitet werden. Nur so können sie ihren Schülern neben fachlichen Inhalten vermitteln, was sozial und für die Persönlichkeitsentwicklung bedeutsam ist.

Schulleitungen müssen sich ihrer besonderen **Verantwortung** und **Fürsorgepflicht** bewusst werden im Hinblick darauf, dass Sorge dafür zu tragen ist, dass am Dienstort Schule ein angemessener Umgang unter den Lehrkräften erfolgt. Wenn man der Personalentwicklung wenig Aufmerksamkeit schenkt und Ungerechtigkeiten zulässt, wo Arbeit schlecht organisiert ist, wo ein schlechtes Schulklima herrscht, kann Mobbing gut gedeihen und es ist nur eine Frage der Zeit, bis die ersten Mobbing-Attacken ihren Anfang nehmen.

Schulleitungen sind in die Pflicht genommen, sich um ein **gutes Schulklima** zu kümmern, welches geprägt sein sollte von Würde und Respekt und einem positiven Beziehungsgeflecht unter den Kollegen. Eine gute Kommunikation mit klaren Regelungen von Kompetenzen und guten Bedingungen am Arbeitsplatz sowie einer Solidarität innerhalb der Teams sind eine

Grundvoraussetzung im Bestreben um höchstmögliche Qualität. Stets sollten Schulleitungen signalisieren, dass Mobbing eine Form von Gewalt bedeutet, und dass ein Missachten der Menschenwürde sowie ein Übertreten des vorherrschenden Rechts nicht geduldet werden. Es muss nicht zwingend zu einer Anhäufung von Konflikten unter Lehrkräften kommen, wenn Schulleitungen es schaffen würden, eine konstruktive Konfliktlösungskultur zu schaffen und dafür zu sorgen, dass genügend Zeit dafür zur Verfügung steht.

Schulleitungen können aber nur all das Vorhergesagte leisten, wenn sie überhaupt dazu willens und in der Lage sind. Und damit gilt es ganz besonders ein zukünftiges Augenmerk darauf zu richten, wer welche Funktionsaufgaben übernimmt. Geeignete Bewerber gibt es unter Lehrkräften zur Genüge, die Auswahl geeigneter Führungskräfte hingegen scheitert zu 90 Prozent an sozialen und politischen Verflechtungen derer untereinander, die sich kennen, die sich gegenseitig stützen und sich gegenseitig die Posten zuschieben. Solche Kräfte, sie sind in Schulleitungen, Schulaufsichtsbehörden und in den Kultus- sowie Bildungsministerien zu finden, braucht Deutschland nicht. Solche Kräfte verderben das Bildungssystem und machen es noch schwächer, als es sowieso schon ist. Solche Kräfte sind es, die die Scheindemokratie hochleben lassen und Schule in ihrer positiven Entwicklung behindern.

II

Das Phänomen Mobbing

am Lernort Schule

„Schüler"

Mobbing kann jeden am Lernort Schule treffen. Neben Lehrern auch den Hausmeister, die Reinigungsfachkraft, die Schulsekretärin und eben auch Schüler.

*Für den Lesefluss wird nachfolgend nur „der Mobber" bzw. „der Schüler" genannt. Inhaltlich werden allerdings an allen Stellen alle Geschlechter gleichermaßen angesprochen.

Meistens bleiben die Symptome lange Zeit im Verborgenen, sodass sich die Mobbing-Prozesse in Bezug auf Schüler über einen sehr langen Zeitraum erstrecken. Die Täterschaft kann sich auch hier auf einzelne Personen beschränken oder durch Gruppen erfolgen, die sich aus Mitschülern ergeben. Manchmal werden jedoch auch Lehrkräfte zu Tätern. Das ist besonders übel, da diese am längeren Hebel sitzen.

Viele Lehrkräfte sind engagiert, brennen für ihren Beruf und sind sehr kompetent. Wenden Sie sich als Eltern an solch eine Person, wenn es darum geht, Mobbing für Ihr Kind zu beenden. Hilfe und Unterstützung gibt es in jeder Schule, man muss sie so manches Mal nur suchen, finden und dann auch einfordern.

Hilfe als Schüler anzunehmen, hat nichts mit Petzen zu tun. Mobbing ist kein Kavaliersdelikt und sollte bereits in frühen Jahren gestoppt werden, um mittels erzieherischer Methoden positiv auf den Mobbenden einzuwirken. Er wird in seine Schranken verwiesen und entwickelt sich danach hoffentlich in eine wohlwollendere Richtung anderen Menschen gegenüber.

Dem Mobbing-Opfer wird zuteil, dass es sich lohnt, Unterstützungsangebote anzunehmen. Dieser Schüler wird befreit von Druck, Ängsten und Sorgen. Er gewinnt dadurch Energie, die er dazu benutzen kann, zukünftigen

Hindernissen mit mehr Kraft und Selbstvertrauen zu begegnen.

Ursachen von Mobbing unter Schülern

Wie bei den Lehrern sind die Gründe für Mobbing auch innerhalb der Schülerschaft vielfältig, egal, ob es sich hierbei um Kinder oder bereits erwachsene Schüler handelt. In der Regel sind es banale Konflikte, die dem Mobbing vorausgehen und nicht abschließend gelöst werden konnten.

Häufig sind die Faktoren heutzutage zu finden in: Frustration, langer Weile, Über- und Unterforderung, Leistungsdruck durch die Schule, Erwartungsdruck durch das Elternhaus und aufgestauten Aggressionen. Ein negatives Klima im Sozialgefüge einer Klasse begünstigt Mobbing ebenso.

Erfahrungsberichte zeigen, dass Kinder häufiger zu Mobbern werden, wenn Fehler in ihrer Erziehung gemacht werden. Kinder, die keine Grenzen erfahren oder aber auch zu streng erzogen werden, sodass sie über gar keinen Freiraum verfügen, nutzen Mobbing als Ausbrechen aus der eigenen Situation. Es spielt auch eine bedeutende Rolle, wie sich die Eltern als Vorbilder ihrer Kinder gegenüber anderen Menschen verhalten. Werden unangebrachte Verhaltensweisen vorgelebt, kann das Kind sie im Schulalltag nachahmen. Es weiß es ja nicht besser. Des Weiteren können sich negative Einstellung und Sichtweisen der Eltern in Bezug auf andere Personengruppen, die einen anderen sozialen Status innehaben, begünstigend darauf auswirken, dass das Kind in der Schule Mitschüler mobbt, die einen niedrigeren Sozialstatus innehaben. Werden andersartige Menschen innerhalb des eigenen Familienlebens negativ bewertet, färbt das auf das Kind ab. Besonders in jungen Jahren.

Aber auch die Schule als Institution kann Mobbing selber fördern, wenn sie Regeln formuliert, die nicht nachvollziehbar sind oder Regeln, die nicht eindeutig und verständlich formuliert sind. Diese bieten Mobbern freies Feld, weil sie die Regeln für sich auslegen können, wie es ihnen beliebt. Oder aber es sind Konzepte und Regelwerke in der Schule beschlossen worden, und diese werden nicht konsequent umgesetzt. Auch diese Schwachstelle begünstigt Mobbing-Vorfälle.

Diese Mobbing-Arten sind unter Schülern vertreten

Die Definition von Mobbing erfährt unter Schülern dieselbe Beschreibung wie unter anderen Personengruppen. Es kann also auch hier direkt und indirekt vonstattengehen, offen sichtbar und verborgen sein.

Beim **verbalen Mobbing** wird der Mitschüler über die Sprache verspottet, beleidigt, kritisiert und ausgelacht. Im Sportunterricht wird z.B. jemand offen als lahme Ente bezeichnet, auf dem Nachhausweg als hässlicher Vogel oder im Biologieunterricht als fette Sau. Solche Sprüche sitzen und prallen nicht einfach am gemobbten Mitschüler ab. Bietet die Lehrkraft hier keinen Einhalt und arbeitet die Situation sofort auf, wird Mobbing an dieser Stelle nicht gestoppt, sondern nimmt ungehindert seinen Lauf.

Die **Erpressung** gehört ebenfalls sehr oft zum Mobbing unter Schülern. Der Gemobbte wird gezwungen, etwas auszuhändigen (z.B. das Handy) oder etwas zu tun (z.B.

Würmer essen). Verweigert der Gemobbte dieses, drohen der oder die Mobber mit Gewalt.

Ohne direkte Anfeindungen findet das **nonverbale Mobbing** statt. Gemobbte Schüler werden komisch angeguckt oder das Gespräch in einer Gruppe verstummt, wenn sie dazu kommen. Sagen die Schüler etwas im Unterricht, wird gestöhnt oder gelacht. Außerdem werden die Gemobbten nicht zum Geburtstag eingeladen. Im Unterricht werden sie nicht in eine Sportgruppe oder Gruppenarbeit als Mitglied gewählt und bleiben immer als Einzelner übrig. Damit fehlt Ihnen die Integration in die Klassengemeinschaft. Sehr häufig wird den Gemobbten die Schultasche entwendet und versteckt. Oder sie werden einer Tat bezichtigt, die sie nicht begangen haben.

Je älter die Schüler werden und eigene Smartphones besitzen, ist auch das **Cybermobbing** nicht weit. Im Netz findet Mobbing z.B. in Form von Hetze, Beleidigung und Rufschädigung statt. Sehr aggressiv ist es, wenn Mobber peinliche Daten oder Fotos über den Gemobbten öffentlich posten.

Egal, ob in der Freizeit oder auf dem Schulhof, **körperliches Mobbing** kann überall stattfinden. Der oder die Täter sind in jedem Fall körperlich stärker und damit dem Gemobbten überlegen. Sie schubsen, treten, spucken oder ziehen an den Haaren. Meistens findet die Aktion von einer ganzen Tätergruppe statt. Die Beteiligten feuern sich gegenseitig an.

Weniger in jungen Jahren, aber ab der Pubertät kann auch **sexuelles Mobbing** auftreten. Sexistische Äußerungen, Berührungen an sensiblen Körperstellen oder das Zusenden sexistischer Videos oder Fotos gehören neben vielen weiteren Aktionen dazu.

Wenn **Lehrkräfte Schüler mobben**, was äußerst selten vorkommt, können sich Gemobbte meistens ein Leben lang daran erinnern. Die Lehrkraft nutzt oftmals das Mittel der Beleidung oder Kränkung oder führt den Schüler vor der Klasse vor. Nicht selten machen sie auch Witze über den Schüler, schüchtern ihn ein oder regen gar die ganze Klasse an, den Gemobbten auszulachen. In diese Form gehört übrigens auch, wenn Lehrkräfte bewusst wegschauen, wenn sich Schüler untereinander mobben. Dieses wird als Mittäterschaft gewertet und stellt eine unterlassene Hilfeleistung gegenüber Schutzbefohlenen dar.

Woran lässt sich Mobbing unter Schülern erkennen?

Für Außenstehende ist es nicht immer leicht, zu erkennen, ob Schüler streiten oder ob sich aus den Streitigkeiten und Konflikten bereits Mobbing entwickelt hat.

Um Mobbing kann es sich handeln, wenn:

✓ sich Konflikte nicht beenden lassen und keine Einigung möglich ist.

✓ der Schüler nicht mehr zur Schule gehen möchten.

✓ die Nächte von Schlaflosigkeit oder Alpträumen geprägt sind.

✓ der Schüler ständig (ohne körperliche Grundursache) unter Bauchschmerzen, Appetitlosigkeit, Kopfschmerzen und Verspannungen leidet.

✓ Traurigkeit, Erschöpfung und Depressionen den Schulalltag begleiten.

✓ Geld nicht für vereinbarte Zwecke (z.B. Kopiergeld) ausgegeben wird.

✓ Konzentrationsschwierigkeiten und Leistungsabfall zu verzeichnen sind.

✓ in Gesprächen nichts aufgeklärt werden kann. Der gemobbte Schüler zieht sich zurück oder übt sich in Ausreden oder antwortet gar nicht. Der Gesprächsführende bemerkt Angst.

Warum werden aus einigen Schülern Mobber?

Sind Kinder oder Jugendliche voller Aggressionen, wütend und frustriert, kann es passieren, dass sie sich andere Kinder suchen, um an ihnen ihre Emotionen auszulassen. Die Ursachen liegen oftmals in der elterlichen Erziehung, aber nicht nur. Auch gewaltverherrlichende Medien, die in frühen Jahren konsumiert werden, können dazu führen, dass Kinder sich die Verhaltensweisen und -muster annehmen.

Ist das Familienleben durch Gewalt, Drogen oder Alkohol geprägt oder lassen sich die Eltern scheiden, können auch hier die Faktoren eine begünstigende Rolle spielen.

Manchmal sind es auch Minderwertigkeitsgefühle, die Kinder und Jugendliche auf andere projizieren und damit Mobbing-Situationen schaffen. Auf einmal haben sie Macht über andere, das gibt ihnen Sicherheit und Anerkennung durch Mitschüler. Oder sie sind neidisch und gönnen Mitschülern ihren Erfolg nicht.

Diese und viele andere Ursachen können dazu führen, dass sich das Kind eigentlich hilflos fühlt. Selbst eine

Strategie zu entwickeln, um negativ Erlebtes bzw. negative Gefühle zu verarbeiten, schaffen Kinder nicht allein.

Was auch häufiger im Kindesalter vorkommt, ist die Übertragung der eigenen Rolle. Wurde ein Kind selbst einmal gemobbt und konnte seiner Situation entkommen, schwört es Rache. Diese Rache verübt es, auch Jahre später möglich, aber nicht am einstigen Mobber, sondern an anderen Kindern. Aus dem Gemobbten wird somit der Mobber, der seine Komplexe von einst kompensiert.

Warum lassen sich einige Schüler mobben?

Jeder Schüler kann im Laufe seiner Schul- bzw. Ausbildungszeit Opfer von Mobbing werden. Dennoch sind es bestimmte Eigenschaften eines Menschen, die sich günstig auswirken, von Mobbern attackiert zu werden. Hierzu gehören Unsicherheit und Angst.

Mobber suchen sich stets ihre Opfer danach aus, dass diese schwächer und unterlegener sind als sie selbst. Verhält sich ein Schüler unsicher, zeigt Ängste ganz deutlich und weint sehr schnell, hat er sich damit zum passenden Mobbing-Opfer qualifiziert. Er kann nichts dafür. Aber das fehlende Durchsetzungsvermögen macht es dem Mobber, wenn es sich diesen Schüler als Opfer ausgesucht hat, leicht.

Nicht selten enden Mobbing-Attacken, wenn sie lange anhalten konnten, traumatisch für die Schüler. Kinder werden in ihrer Entwicklung beeinträchtigt, Jugendliche können depressiv werden und erwachsene Schüler könnten die Schule oder Ausbildung abbrechen.

Um die Folgen zu minimieren, sollten Mitschüler und Eltern dem gemobbten Mitschüler bzw. Kind helfen, das Mobbing sofort zu stoppen. Noch besser sind Maßnahmen zur Vorbeugung von Mobbing.

Mobbing unter Schülern vorbeugen

In der Schule sollte offen mit der Thematik umgegangen werden. Kennen alle Schüler die Anzeichen von Mobbing, kann es gezielt durch die Schüler selbst unterbunden werden. Kennen alle die Folgen und Konsequenzen, wird es sich der ein oder andere sicher überlegen, ob er seine Mobbing-Handlungen durchführt.

Lehrkräfte sollten gezielt daran arbeiten, Mobbing zu unterbinden. Gemeinsam erarbeitete Klassenregeln helfen enorm. Verhalten sich Kinder positiv, sollten Lehrende diese loben und die Gemeinschaft anregen, sich ebenso zu verhalten. Werte und Normen der Gesellschaft sollten grundsätzlich in den Schulalltag implementiert werden.

Wird eine bestimmte Gruppendynamik beobachtet, sollte die Lehrkraft es schaffen, diese zu unterbinden. Die Bildung von Grüppchen innerhalb einer Klassengemeinschaft tut ihr nicht gut. Verändern Lehrkräfte hin und wieder den Sitzplan und führen regelmäßig Stuhlkreise mit ausgelosten Sitzplätzen durch, werden Gruppenarbeiten oder Partnerarbeiten mit nicht selbst bestimmten Gruppenmitgliedern durchgeführt, kann das Großgruppengefühl gestärkt werden, was als Mobbing-Anti-Strategie wirkt.

Was Schüler tun können

Wird Mobbing beobachtet und wahrgenommen, sollten Schüler ihre **mobbenden Mitschüler** sofort beim Vertrauenslehrer **melden**. Das hat nichts mit petzen zu tun! Hier geht es darum, dass diese Schüler erkennen, dass ein Mitschüler Hilfe benötigt und dass es viel cleverer ist, Hilfe zu organisieren, als den Mobber weiter seine Spielchen treiben zu lassen.

Gemobbte sollten die Attacken nicht einfach nur über sich ergehen lassen. Das spornt den Mobber nur zum Weitermachen an. Insbesondere wenn körperliches Mobbing erfahren wird, sollte ein gemobbter Schüler sofort, wenn möglich, **weglaufen**, um weiteren Schaden abzuwenden.

Im Anschluss daran sollte sich das Mobbing-Opfer an die Eltern oder die Lehrkraft wenden, die zum **Vertrauenslehrer** gewählt wurde. Auch der Klassenlehrer oder eine Lehrkraft, zu der eine vertrauensvolle Beziehung besteht, kann informiert werden. Damit nimmt sich der betroffene Schüler aus der Opferrolle raus.

Wenn es dem Schüler möglich ist und er auch stark und selbstbewusst genug ist, sollte er den **Mobber links liegen lassen**. Ein Mobber erwartet immer eine Reaktion auf sein Handeln. Bleibt diese aus und geht der Gemobbte nicht auf die Schikanen ein, wird der Mobber irgendwann sein Interesse verlieren. Diese Verhaltensweisen kann man zu Hause gut üben und in der Schule anwenden.

Des Weiteren sollte sich der Schüler **Unterstützung** in der Klasse oder in den besuchten Kursen **suchen**. Diese Schüler unterstützen den gemobbten Schüler dann aktiv in den Mobbing-Situationen. Gut ist hierfür auch, wenn die Unterstützer etwas älter sind. Sie stellen sich damit aufgrund ihres Alters über den Mobber.

Wichtig ist, dass sich gemobbte Schüler **Zeugen** suchen, wenn er von einer Lehrkraft gemobbt wird. Diese Zeugen sollten Mitschüler sein, die völlig unbeteiligt sind. Gerade beim Mobbing durch Lehrkräfte werden die gemobbten Schüler häufig als Lügner oder Übertreiber einer Situation dargestellt und die Angelegenheit wird nicht selten unter den Teppich gekehrt.

Leidet der gemobbte Schüler unter Unsicherheit und Ängsten, sollten diese abgebaut werden. **Sportliche Aktivitäten** in einem Sportverein helfen, Körperängste abzubauen. Kurse zur **Selbstverteidigung** stärken die Sicherheit im Umgang mit anderen Menschen und das Selbstbewusstsein.

Grundsätzlich ist es wichtig, dass der Gemobbte Freunde findet und lernt, sich in Gruppen durch den Schullalltag und auf dem Nachhauseweg zu bewegen. Mobber suchen sich gern schwache Einzelpersonen aus. Ist der Schüler in eine starke Gruppe eingebunden, wird er nicht so schnell von einem Mobber ins Auge gefasst.

III

Das Phänomen Mobbing
am Ort Schule
„Eltern"

Finden Eltern heraus, dass ihr Kind gemobbt wird, fühlen sie sich meistens hilflos. Wird das Mobbing in der Schule ausgeübt, sind es in der Regel mehrere Mobber, manchmal sogar die gesamte Klasse, die sich gegen das eigene Kind richten.

Da Mobbing für Eltern nicht leicht zu erkennen ist, sollten Sie die Anzeichen kennen. Nur so können Sie schnell eingreifen und Ihr Kind unterstützen.

Daran erkennen Eltern, dass das Kind gemobbt wird

Viele Kinder verschweigen über einen sehr langen Zeitraum, dass sie gemobbt werden. Ein deutliches Anzeichen für Mobbing ist häufig, dass sich ein bisher lebhaftes Kind in kürzester Zeit verändert und immer mehr zurückzieht.

Sprechen Sie Ihr Kind an, wird es wahrscheinlich sagen, es sei alles in Ordnung. Das kann verschiedene Gründe haben. Vielleicht glaubt das Kind, es würde im Anschluss als Petze dastehen. Eventuell glaubt es aber auch, dass die Eltern ihm nicht helfen können oder die Situation dadurch noch schlimmer wird.

Folgende Verhaltensweisen sollten Sie als wahrscheinliche Anzeichen von Mobbing ernstnehmen:

➢ Ihr Kind hat ständig Kopfschmerzen, Bauchweh und keinen Appetit. Selbst die Lieblingsspeisen werden stehengelassen.

➢ Von der Schule kommt Ihr Kind plötzlich traurig und bedrückt zurück. Es zieht sich schnell in sein Zimmer zurück und möchte am liebsten über nichts, was mit Schule zu tun hat, reden.

➢ War das Kind bisher fröhlich und selbstbewusst, wirkt es nun unsicher und ängstlich.

➢ In der Nacht schläft das Kind kaum. Wenn es dann einschläft, erlebt es Alpträume und erwacht schreiend.

➢ Die Leistungen gehen in den Keller. Auch zu Hause nimmt die Konzentrationsfähigkeit ab. Das Kind wirkt vergesslich.

➢ In den Schulferien geht es dem Kind deutlich besser.

➢ Nach dem Wochenende oder nach den Schulferien wird es schwierig, das Kind zu bewegen, in die Schule zu gehen.

➢ Bei körperlichem Mobbing kommt das Kind mit zerrissener Kleidung nach Hause. Es kann auch sein, dass das Federmäppchen fehlt oder der Taschenrechner. Sehr häufig wird auch das Handy „abgezogen".

➢ In Ihrem Geldbeutel fehlt Geld, welches das Kind herausnimmt, um den Mobber zu bezahlen. Oder das ausgehändigte Geld für den Schulausflug, die Bücher und sonstige schulische Ausgaben erreicht die Lehrkraft nicht.

➢ Manche Kinder werden auch ungewöhnlich ruppig, launisch oder aggressiv. Diese Verhaltensweisen hat es vorher noch nie gezeigt.

Die hier aufgeführten Anzeichen stellen nur eine Auswahl dar. Sicher gibt es noch mehrere Merkmale, die man auf Mobbing zurückführen kann. Hierzu spielt auch eine Rolle, welche Persönlichkeitsmerkmale das Kind aufweist und welcher Form von Mobbing es ausgesetzt ist.

Wichtig ist, dass Sie die Anzeichen zum Anlass nehmen, die Ursache zu erforschen. Ist das Kind nicht gesprächig, beobachten Sie es heimlich auf dem Schulweg oder Schulhof. Befragen Sie Freunde Ihres Kindes und Lehrkräfte, ob ihnen etwas aufgefallen ist oder ob sie wissen, wie die Veränderungen zustande kommen. Je schneller Sie herausfinden, ob Ihr Kind tatsächlich gemobbt wird, desto schneller können Sie dem Ganzen entgegenwirken, um schwerwiegende Folgen abzuwehren.

Das können Sie tun

Bewahren Sie in jedem Fall **Ruhe**. Im ersten Schritt gilt es erst einmal, genau herauszufinden, wie sich die Mobbing-Situationen gestalten und wer an den Mobbing-Handlungen beteiligt ist.

Dazu sprechen Sie mit Ihrem Kind ganz geduldig und einfühlsam. Vielleicht wählen Sie hierfür den Lieblingsort Ihres Kindes aus oder nutzen die Gelegenheit eines Ausfluges.

Nehmen Sie Ihr Kind ernst mit seinen Aussagen. Glauben Sie alles, was Ihnen erzählt wird. Machen Sie sich gegebenenfalls Notizen, gerade, wenn es um Namen geht.

Im Anschluss daran erklären Sie Ihrem Kind je nach Alter, was Mobbing ist und welche Folgen es haben kann, wenn man den Zustand nicht beendet. Versichern Sie Ihrem Kind in diesem Gespräch auch, dass es selbst keine Schuld trägt. Es ist wichtig, dass Ihr Kind erfährt, dass jeder Mensch, egal welchen Alters, zum Mobbing-Opfer werden kann.

Im zweiten Schritt **werden Sie aktiv**. Vereinbaren Sie einen Termin mit dem Klassenlehrer. Viele Schulen beschäftigen auch Schulsozialarbeiter. Dieser sollte gleich mit anwesend sein. Das Gespräch führen Sie allein mit der Lehrkraft und/oder dem Schulsozialarbeiter. Ihr Kind lassen Sie zu Hause im geschützten Raum.

Vereinbaren Sie den Termin unbedingt außerhalb der Unterrichtszeit. Der oder die Mobber sollten nicht mitbekommen, dass Sie ein Gespräch führen. Ansonsten könnten die Schikanen am nächsten Tag für Ihr Kind noch zunehmen oder das Mobbing eskaliert.

Tragen Sie ruhig, sachlich und frei von jeglichen Emotionen vor, was Ihr Kind Ihnen erzählt hat. Fragen Sie nach, ob die Lehrkraft selbst schon Beobachtungen angestellt hat. Vermeiden Sie in jedem Fall Vorwürfe gegen die Beteiligten des Schullebens. Das wirkt sich eher hinderlich aus und kann dazu führen, dass man Ihnen gegenüber eine Abwehrhaltung einnimmt.

Besprechen Sie sich nachfolgend, wie es weitergehen wird. Vereinbaren Sie dazu einen weiteren Besprechungstermin. Es ist wichtig, dass Sie sich als Eltern angenommen fühlen. Sie sollten die Schule mit dem Gefühl verlassen, dass man Ihrem Kind helfen wird. Stellt sich dieses Gefühl nicht ein, schalten Sie gleich die Schulleitung mit ein. Die **Schule muss** bei jedem einzelnen Mobbing-Fall **eingreifen**. Alle am Schulleben Beteiligten müssen ein Zeichen dahingehend setzen, dass Mobbing unter keinen Umständen geduldet wird. Mobbenden Schüler muss Einhalt geboten werden. Zeigen sich Lehrkräfte und Schulleitungsmitglieder hier nicht konsequent, wird ein Mobber sein Verhalten auch nicht ändern und der gemobbte Schüler leidet weiterhin.

Nicht selten tritt der Fall ein, dass die Lehrkräfte bisher noch gar nichts von den Mobbing-Handlungen mitbekommen haben. Das liegt in der Regel daran, dass das Mobbing nicht im Unterricht, sondern auf dem Schulflur, auf der Toilette, in unbewachten Ecken des Schulhofes oder auf dem Nachhauseweg stattfindet.

Nun ist die Schule im Zugzwang. In der Regel sind Lehrkräfte froh, wenn Eltern ihnen vom stattfindenden Mobbing berichten. Meistens haben die Schulen Mechanismen parat, die sich nun automatisch in Gang setzen. Vermeiden Sie es bitte, in dieser Zeit die Eltern des Mobbers oder den Mobber selbst aufzusuchen. Es ist die Aufgabe der Schule, mit den Mobbern zu sprechen und auch die betroffenen Eltern zu involvieren.

Des Weiteren nutzen Schulen meistens solche Vorfälle, um sie im Unterricht zu besprechen oder Projekttage dahingehend zu gestalten. Dabei bleibt ihr Kind anonym. Nur die Sache an sich wird im Allgemeinen abgehandelt.

Für die Akutsituation sollten Sie mit den Lehrkräften eine **Pausenregelung treffen**. Es gibt an jeder Schule sogenannte sichere Orte, an denen sich das Kind während der Pause aufhalten kann. Die Schulbibliothek bietet zum Beispiel einen solchen Ort, der dann auch durch eine aufsichtführende Lehrkraft gesichert ist. Bringen Sie in dieser Zeit Ihr Kind zur Schule und holen es auch wieder ab.

In der Zwischenzeit wird die Schule den Vorfall bearbeiten und erreicht hoffentlich, dass das Mobbing gestoppt wird. Ist dies der Fall, kann Ihr Kind wieder allein zur Schule gehen und die Pausen auf dem

Schulhof verbringen. Bis dahin sollte das Kind Freunde an der Seite haben und sich in der Klassengemeinschaft wohl fühlen.

Ist Ihr Kind psychisch sehr labil, sollten Sie sich nicht scheuen, einen Kinderpsychologen aufzusuchen.

Im schlimmsten Fall kann auch ein Schulwechsel in Betracht gezogen werden. Jedoch stehen die Chancen, hier nicht erneut gemobbt zu werden, nur dann gut, wenn Ihr Kind stark genug ist für den Wechsel, diesen selbst möchte und die Mobbing-Attacken folgenlos geblieben sind.

Was Eltern <u>nicht</u> tun sollten

Helfen Sie Ihrem Kind in jedem Fall, aber entscheiden Sie bitte nichts über seinen Kopf hinweg. Binden Sie es in jeden Ihrer Schritte ein.

Fangen Sie den Mobber nicht vor der Schule ab oder rufen dessen Eltern an. Das Mobbing findet in der Schule statt, weswegen es auch durch die Schule aufgeklärt und beendet werden muss. Ansonsten erreichen Sie nur Nachteile für Ihr Kind. Rufen Sie die Eltern des Mobbers an, werden diese ihr Kind ebenso schützen und verteidigen. Sie werden die Vorfälle abstreiten und den Spieß umdrehen. Am Ende steht nachher Ihr Kind als Täter dar.

Fordern Sie Ihr Kind nicht zur Gegenwehr auf. Kinder sollen lernen, dass man Hilfsangebote nutzt und sich nicht auf die Stufe eines Menschen begibt, der Unrecht verübt. Wenn Erwachsene sich wehren, sind diese in der Lage, die Aktionen zu planen, zu durchdenken und

Konsequenzen abzuwägen. Hierzu sind Kinder noch nicht in der Lage.

So stärken Eltern ihr gemobbtes Kind

Unterstützen Sie Ihr Kind neben dem schulischen Bereich auch im Privatleben. Versorgen Sie die angeknackste Seele mit Energie. Das klappt am besten mit einem spontanen Kurzurlaub oder einer Freizeitaktivität, an der das Kind Spaß haben wird. Raus aus den heimischen Gefilden bekommt Ihr Kind Abstand zu den Orten, an denen es gepeinigt wurde.

Des Weiteren sollten Sie dafür sorgen, dass sich Ihr Kind bewegt. Bewegung hilft dem Körper, Ängste und Anspannungen abzubauen. Gehen Sie zusammen spazieren, wandern, schwimmen oder besuchen Spielplätze. Je nach Alter bieten sich hier andere Aktivitäten an. Regelmäßig Sport im Verein bietet zudem die Möglichkeit, dass Ihr Kind neue Freunde findet.

Viele Kinder finden auch einen Weg über die Kunst oder Musik, Ihre Alltagssorgen abzubauen. Erkennen Sie ein Talent in diese Richtung, wäre es genau der richtige Zeitpunkt, dieses zu fördern. So erlebt das Kind gleichzeitig auch etwas Neues im Leben, wofür es sich begeistern kann. Das kann so manches Mal eine Therapie ersetzen.

Achten Sie darauf, dass Ihr Kind ausreichend schläft. Mobbing kostet viel Kraft. Bei Schlafproblemen helfen Rituale am Morgen und Abend sowie pflanzliche Mittel. Diese sollten Sie Ihrem Kind jedoch nicht auf eigene Faust verabreichen. Konsultieren Sie dazu immer im Vorfeld den Kinder- oder Hausarzt.

Achten Sie auch auf eine ausgewogene und gesunde Ernährung. Sie sollte ballaststoffreich und vitaminreich gestaltet sein. Beachten Sie hier auch, dass Ihr Kind genug trinkt.

Innerfamiliär ist es jetzt wichtig, dass alles harmonisch abläuft. Stress und Streitigkeiten sollten unterbleiben. Binden Sie auch Geschwisterkinder in den Prozess ein. Berichten Sie ihnen, wenn sie es noch nicht mitbekommen haben, wie es dem Bruder oder der Schwester geht und warum es jetzt wichtig ist, dass Sie alle zusammenhalten und nett zueinander sind.

Ein paar Tage nach dem Gespräch in der Schule sollten Sie mit Ihrem Kind noch einmal sprechen. Ist es jetzt bereit, mit dem Täter zu sprechen, teilen Sie das den Verantwortlichen in der Schule mit. Begleiten Sie Ihr Kind zu dem Gespräch, halten sich währenddessen aber im Hintergrund des Raumes auf. Ziel ist es, dass der Täter erkennt, dass er falsch gehandelt hat und dass er das Mobbing beendet.

Ist Ihr Kind auch mit diesem Abstand nicht für ein Gespräch bereit, treten Sie nochmals allein mit der Schule in Verbindung. Erfahren Sie hier Möglichkeiten für den zukünftigen Umgang der Kinder untereinander oder sich anbietende andere Optionen.

Was tun, wenn Ihr Kind andere mobbt?

Ist Ihr Kind zum Mobber geworden, ist ein Eingreifen genauso erforderlich, wie auf der anderen Seite. Wichtig ist hierbei, dass Sie absolut konsequent sind und nicht zulassen, dass Ihr Kind weitermobbt.

Werden Sie von der Schule darüber informiert, dass Ihr Kind ein anderes mobbt, sollten Sie mit der Schule zusammenarbeiten. Klären Sie mit allen Beteiligten zusammen die Ursachen und erlangen die Kontrolle über Ihr Kind zurück. Sie sind die Erziehungsberechtigten und haben die Fürsorgepflicht. Das bedeutet auch, dass Sie dafür Sorge tragen, dass Ihr Kind kein anderes schädigt, egal auf welche Weise.

Machen Sie sich selbst bitte keine Vorwürfe und suchen Sie auch nicht die Schuld bei sich. Das bringt in der Akutsituation keinen weiter. Wird klar, dass die Gründe für das Mobbing in einer fehlerhaften Erziehung liegen, können Sie diese nicht rückwirkend ändern.

Versuchen Sie auf ganzheitlicher Ebene mit allen involvierten Personen freundlich, höflich, sachlich und ruhig vorzugehen. Finden Sie gemeinsam Lösungen, die am Ende für alle gut sind.

Ist Ihr Kind gewalttätig geworden, sollten Sie das in keinem Fall dulden und Ihr Kind auch nicht verteidigen. Das wäre absolut falsch und ein Schritt in die falsche Richtung. Sie mussen das Verhalten Ihres Kindes negativ einordnen und Ihrem Kind mitteilen, dass es sich hier falsch verhält. Verteidigen Sie Ihr Kind hingegen, wird es die Mobbing-Handlungen als richtig ansehen und nach dem Gespräch genauso weiter machen.

Vereinbaren Sie im Schulgespräch Regeln und Ziele. Versichern Sie den Eltern des gemobbten Kindes und den Vertretern der Schule, dass Sie mit darauf achten, dass die Regeln eingehalten werden.

Zu Hause angekommen, reflektieren Sie in einer ruhigen Atmosphäre, was passiert ist. Arbeiten Sie auch hier nicht mit Schuldzuweisungen. Besprechen Sie nur die reinen Fakten. Merken Sie an der einen oder anderen Stelle, dass die Ursachen sich in Ihrer Erziehung finden lassen, ändern Sie Ihre Erziehungsmethoden langsam und schrittweise. Kaufen Sie sich einen Erziehungsratgeber oder nutzen Onlineangebote.

Stellen Sie auch für den häuslichen Bereich ein Regelwerk mit Konsequenzen bei Nichteinhaltung auf. Erstellen Sie dieses mit dem Kind gemeinsam. Optimalerweise schreiben Sie dieses auf und hängen es sichtbar auf.

Sparen Sie nicht mit einem Lob, wenn sich Ihr Kind regelkonform verhält. Erkennen Sie ein gutes Verhalten immer an und wertschätzen es. Diese positiven Verstärker benötigt Ihr Kind, um sein Verhalten dauerhaft zu verändern.

Versuchen Sie, Vertrauen zu Ihrem Kind aufzubauen. Unternehmen Sie gemeinsam Ausflüge und besprechen hier, was Ihr Kind bewegt und warum es sich in bestimmten Situationen negativ verhält. So gelingt es Ihnen schrittweise, die Verhaltensweisen einzuschätzen. Hierbei ist es wichtig, dass die Inhalte der Gespräche innerfamiliär bleiben und nicht an Bekannte, Freunde oder sonstige Personen weitererzählt werden. So kann das Kind auch zukünftig darauf vertrauen, dass es sich mit Problemen an Sie wenden kann.

Im nächsten Schritt reflektieren Sie, mit welchen Kindern Ihr Kind Kontakt hat und wie es seine Freizeit gestaltet. Achten Sie hier darauf, dass Ihr Kind keinen Kontakt mehr zu einem negativen Umfeld hat. Üben Sie keine Kritik an den Freunden des Kindes. Vielmehr sollten Sie Ich-Botschaften senden und dem Kind Ihr ungutes Bauchgefühl signalisieren. Lassen Sie Ihr Kind verstehen, warum Sie die Freunde nicht gut finden und warum Sie sich freuen würden, wenn neue Freunde ins Kontaktleben Einzug halten würden.

Sprechen Sie anschließend über das Thema Mobbing. Finden Sie gemeinsam heraus, warum Ihr Kind andere mobbt. Erklären Sie ihm in aller Ruhe, was Mobbing genau ist und welche Folgen es für den Gemobbten mit sich bringt. Stöbern Sie im Internet nach Fallgeschichten. Lesen Sie diese gemeinsam mit Ihrem Kind durch. Gehen Sie danach Schritt für Schritt durch die Geschichte, Absatz für Absatz. Halten Sie an jedem Absatz inne und besprechen die Rollen. Arbeiten Sie auf, wie sich jeder in seiner Rolle verhält und wie es jeder einzelnen Person geht. Ihr Kind lernt auf die Weise, Unrecht zu erkennen und Empathie für das gemobbte Kind zu empfinden. Sie können anhand der Geschichte überlegen, welche Verhaltensweisen angebrachter gewesen wären und so für sich Ziele vereinbaren, wie sich Ihr Kind fortan selbst verhalten soll.

Was tun, wenn Ihr Kind von einer Lehrkraft gemobbt wird?

Es handelt sich hierbei zwar um einen Sonderfall, dennoch kommt auch dieser häufig genug vor, sodass er hier erwähnt werden soll.

Genauso wie man gegen mobbende Kinder vorgeht, sollte man es auch gegen eine mobbende Lehrkraft tun. Die Lehrkraft richtet ihren Angriff gegen einen Schutzbefohlenen, was schnellst möglichst abgestellt und von übergeordneter Stelle beendet werden sollte.

Klären Sie zunächst in aller Ruhe die Fakten. Wichtig ist, dass Sie ohne Emotionen bei der mobbenden

Lehrkraft vorsprechen. Für ein sachliches Gespräch muss zweifelsfrei feststehen, dass Ihr Kind nicht lügt und dass Mitschüler das unangebrachte Verhalten der Lehrkraft bezeugen.

Fertigen Sie sich Notizen an und bereiten das Gespräch schriftlich vor. Sie werden in der Schule aufgeregt sein, da hilft ein Stichwortzettel ungemein.

Berichten Sie im Gespräch über die Aussagen Ihres Kindes und der Zeugen. Belegen Sie alles mit Datum und in welcher Unterrichtsstunde oder sonstigen Schulzeit, welcher Vorfall stattgefunden hat. Geben Sie der Lehrkraft die Möglichkeit, sich zu äußern. Verstehen Sie aber auch, wenn die Lehrkraft erst einmal gar nichts dazu sagen möchte, sondern über das Gespräch nachdenken will. Vereinbaren Sie einen Anschluss- termin, um das weitere Vorgehen zu besprechen.

Kommen Sie in diesem Gespräch allein nicht weiter, können Sie den Klassenlehrer, Vertrauenslehrer, Schulsozialarbeiter und Schulpsychologen um ein Gespräch bitten und in die Angelegenheit involvieren. Kommt noch immer keine Lösung zustande, ist es an der Zeit, die Schulleitung mit ins Boot zu holen.

Die Schulleitung wird sich nach dem gemeinsamen Gespräch allein mit der Lehrkraft besprechen wollen. Das sollten Sie akzeptieren, es ist der Sache dienlich. Rechnen Sie auch damit, dass die Schulleitung zunächst die Vorfälle herunterspielt. Das hat damit zu tun, dass Schulleitungsmitglieder stets um den Ruf der Schule bangen. Bleiben Sie ruhig und bitten um eine vorbehaltslose Aufklärung der Angelegenheit. Ich empfehle Ihnen auch, zu diesem Gespräch nicht allein zu gehen. Gehen Sie als Elternpaar zum Besprechungstermin oder nehmen sich eine Person Ihres Vertrauens mit. Bestehen Sie auf die Anfertigung eines Protokolls.

Wie auch bei den Erwachsenen ist es sinnvoll, wenn Ihr Kind ein Mobbing-Tagebuch führt. Dieses ist für die Gespräche mit der Lehrkraft und weiteren Schulangehörigen von essentiellem Wert.

Im schlimmsten Fall erleben Sie, dass die Schulleitung bis zum Ende mauert und sich auf die Seite der mobbenden Lehrkraft stellt und ihr den Rücken stärkt. Das ist unschön und die Angelegenheit hat sich dann auch schon über Wochen hingezogen. Aber, es gibt übergeordnete Stellen, an die Sie sich darüber hinaus wenden können.

Eine gängige Methode ist es, eine Dienstaufsichtsbeschwerde bei der Schulaufsicht einzureichen. Daraufhin wird das Verhalten der mobbenden Lehrkraft offiziell überprüft. Findet körperliches und sexuelles Mobbing durch die Lehrkraft statt, sollten Sie parallel auch einen Rechtsanwalt und die Polizei mit der Angelegenheit betrauen.

Nicht nur für Ihr Kind, auch für Sie wird es Wochen dauern, bis die Vorwürfe bestätigt und aufgearbeitet sind und der Fall abgeschlossen ist. Während dieser Zeit ist es wichtig, dass Sie Ihr Kind gut beobachten. Finden weitere Angriffe statt, wird es nötig sein, dass Sie Ihr Kind aus dem gewohnten Umfeld herausnehmen.

Manchmal reicht, wenn man darauf besteht, dass das Kind die Klasse wechselt, weil es hier nicht mehr von der mobbenden Lehrkraft unterrichtet wird. Ist Ihr Kind jedoch traumatisiert von den Mobbing-Handlungen, sollten Sie einen Schulwechsel in die Wege leiten. Aufgrund der Situation ist das auch zu jedem Zeitpunkt im Schuljahr möglich. Schauen Sie sich dazu mit dem Kind gemeinsam passenden Schulen an und binden es in alle Überlegungen und Schritte mit ein. Wichtig ist hier, dass der Wechsel gut vonstattengeht und sich Ihr Kind anschließend wohlfühlt. Dazu gehört auch, dass Sie mit den zukünftigen Lehrern vorab ins Gespräch kommen und diese über die Vorfälle der Vergangenheit informieren. Nur so können die neuen Lehrer Ihr Kind bestmöglich unterstützen.

Sollte das nicht ausreichen, können Sie auch professionelle Hilfe in Anspruch nehmen. In einer therapeutischen Beratung kann eruiert werden, welche Therapie nötig wird.

IV

Fallgeschichten Betroffener

Noch immer gefangen im System Schule

…die Fortsetzung

Jule wollte einfach nur ein Ende und einen Neubeginn…
und musste sich erneut dummen Menschen beweisen.

1 Am Morgen

Jule öffnete die Augen und streckte sich. Dem Klingeln des Weckers zuvorgekommen schlug sie die Bettdecke zurück, schlüpfte in Bademantel und Pantoffeln und ging die Treppe hinunter. Durch die großen Fensterelemente zur Terrasse schien die Morgensonne und wies im Zusammenspiel mit einem wolkenlosen blauen Himmel auf einen, zumindest vom Wetter hergesehen, schön zu werdenden Tag hin.

Jule ging in die Küche. Wie jeden Morgen, deckte sie den Tisch, kochte Tee und schmierte die Schulbrote für Marie und Ole und auch für Paul, ihren Mann. Während sie die morgendlichen Tätigkeiten erledigte, dachte sie über ihren nächtlichen Traum nach.

Neue Schule, neues Glück? Wenn alles nur so einfach wäre. Jule schüttelte den Kopf. Sie ärgerte sich über sich selbst. Welchem Wunschtraum waren diese Hirngespinste heute Nacht nur entsprungen? Stattdessen sollte sie sich lieber Gedanken über den heutigen Tag machen. Er lag ihr schon jetzt schwer im Magen, ein verspanntes Ziehen im Nacken deutete auf Anspannung und damit drohende Kopfschmerzen hin.

Marie kam als erste in die Küche geschlendert.

„Na, gut geschlafen?", fragte sie und setzte sich an den Esstisch.

„Wie man's nimmt. Wenn ich an später denke, wird mir schlecht."

„Ach komm, du bist gut vorbereitet. Was soll schon schiefgehen?", gab Marie mit vollem Mund zum Besten.

„Eine Menge, meine Liebe. Du weißt, welch geistig unterbemittelte Menschen mich in der Vergangenheit umgeben haben. Es wäre nicht verwunderlich, wenn ich heute Nachmittag mit weiteren Horrorgeschichten aufwarte."

„Uuuuuh, jetzt krieg ich aber Angst", lachte Marie. Jule war froh, dass ihre Lieben die zurückliegenden Monate ihr zwar unterstützend zur Seite, aber auch gut für sich selbst überstanden hatten. Es war für alle nicht einfach, bis heute.

Jule ist Lehrerin und betrachtet seit jeher ihren Beruf als ihre Berufung. Dass sie richtig gut ist, in dem, was sie tut, hatte sie von zahlreichen von Kollegen und Schülern zurückgemeldet bekommen. Allerdings hatte ihr dieser Umstand nicht hilfreich zur Seite gestanden im Abwenden eines mehrmonatigen Mobbing-Terrors an der Lochwitzschule. Sie sah darin die Hauptursache - die unschöne Eigenart mancher Menschen: NEID. Neidisch sein auf Kollegen, die gut mit den Schülern zusammenarbeiten und ein harmonisches Miteinander im Klassenraum pflegen. Aus Neid entsteht Mobbing. Das gibt es nicht? Doch, und zwar täglich und an jeder Schule! Mit einem Zusammenbruch endete der Terror.

Seit 14 Monaten war sie krankgeschrieben und versuchte mit Hilfe eines Anwaltes, sich an eine andere Schule versetzen zu lassen. Und, seit 14 Monaten war sie statt Mobbing nun engstirnigen und mit Willkür ausgestatteten Schulaufsichtsbeamten ausgeliefert. Das Horrorszenario nahm und nahm kein Ende.

Heute nun, heute sollte es eine Möglichkeit geben, dass alles wieder gut wird. Heute war sie geladen zu einem Personalgespräch. Die Hoffnung gering, aber dennoch vorhanden, die Lage endlich in den Griff zu bekommen, die Versetzung an eine andere Schule endlich genehmigt zu bekommen und damit nach langer Auszeit wieder unterrichten zu können.

Ole und Paul kamen zum Frühstück dazu. Während Ole, Jules Sohn, sich wortkarg mit seinem Müsli beschäftigte, redete Paul wild auf Jule ein, sie solle Traubenzucker einstecken, langsam fahren und sich sofort melden, sobald sich irgendetwas Unangenehmes ereigne. Die Anspannung bezüglich des heutigen Tages war bei allen zu spüren. Das beruhigte Jule in keinster Weise, es machte sie nervös.

Ein Blick auf die Uhr zeigte, dass sie sich beeilen sollte. Nur noch schnell meine Tasche holen... nicht auszudenken, wenn ich sie vergesse, dachte Jule.

Der Weg zur Schulaufsicht war weit. Im Traum hatte sie sich nach siebzehn Monaten und zweiundzwanzig Tagen beruflicher Auszeit an einer neuen Schule gesehen, natürlich herzlich willkommen. Sie hatte ihre erste Unterrichtsstunde gehalten und alles war wieder gut.

Aber – alles nur ein Traum. Leider. Stattdessen lagen die Nerven weiter blank und die Anspannung war groß. Für Jule, für ihren Anwalt und für all diejenigen Menschen, die sie in den vielen Wochen und Monaten eines durchzustehenden Kampfes gegen die Schule, gegen die Schulaufsicht, vor allem aber gegen das Unrecht, begleitet hatten…

…Rückblick

Jule war als Lehrerin schon etliche Jahre im Dienst. Um nach vielen Jahren endlich wohnortnah arbeiten zu können und dadurch mehr Zeit für die Familie zu haben, aber auch, um den gefährlichen Arbeitsweg nach Bährlins nicht mehr auf sich nehmen zu müssen, stellte Jule einen Versetzungsantrag. Dem Antrag wurde entsprochen und so nahm sie ihren Dienst nach den Sommerferien an einer Schule in Dorstlau auf. Alles schien gut am Anfang. Sie genoss den kurzen Fahrweg und wähnte sich schon bis zur Pensionierung dort.

Bereits nach einem halben Jahr allerdings zogen dunkle Wolken am Schulhimmel von Dorstlau auf und brauten ein über Monate hinweg nicht mehr abziehen wollendes Gewitter zusammen. Sabine Hartwig war aus verschiedenen Gründen heraus darauf bedacht, Jule als neue Kollegin so schnell wie möglich wieder loszuwerden. Um ihr Ziel zeitnah zu erreichen, setzte Sabine Jule ständigen Schikanen, Quälereien und Verletzungen aus, einem Psychoterror, den man gemein hin auch als Mobbing bezeichnet.

In ihr Boot der Grausamkeit nahm sie nach einiger Zeit geköderte Schüler sowie Kollegen, Abteilungsleiter Krause und Schulleiter Lochwitz mit auf, um mit ihnen gemeinsam die Feindin Jule anzugreifen und zu erreichen, dass diese von selbst geht oder krank wird und durch den Amtsarzt in den Ruhestand geschickt wird.

Jule erlebte massive psychische Gewalt in Form von Anfeindungen, Lügen und irrationalen Unterstellungen. Und so mündeten die entsetzlichen und widerlichen Gräueltaten in einem Nerven- und Kreislaufzusammenbruch. Nach der akut-notärztlichen Behandlung folgte noch eine psychotherapeutische, die bis heute stattfindet und eine juristische Begleitung. Zunächst in der Hoffnung, die Täter zur Rechenschaft ziehen zu können. Ein Gespräch mit der zuständigen Schulaufsichtsbeamtin an der Schulaufsichtsbehörde führte dazu leider nicht, ebenso wenig ein Besuch im Kultusministerium. Einzig der Bitte um sofortige Versetzung wurde Gehör geschenkt. Im Kultusministerium erklärte man sich allerdings dafür als nicht zuständige Behörde. Dieser Bitte auf der Stelle nachzugeben und sie als eine reine Formalie anzusehen, wenn die Vergangenheit schon nicht aufgearbeitet werden soll, passt nicht in ein System voller Beamter, welche eine bürokratisch überzogene Handlungsweise an den Tag legen und für sich selbst ausgelegte Vorschriften über den Menschen stellen und ihn weitgehend als Objekt behandeln.

Und so musste Jule nach 14 Monaten Mobbing nochmals 14 weitere Monate einen Kampf gegen die Beamten der Schulaufsicht durchstehen, die neben der Taktik „wir kehren alles unter den Teppich" weitere Schikanen im Gepäck hatten, wie die Instrumentalisierung des Landespersonalrates, die Anordnung einer amtsärztlichen Untersuchung mit der Aufforderung an den untersuchenden Arzt, nicht auf Dienstfähigkeit, sondern auf Dienstunfähigkeit zu begutachten, mit einer versuchten Wiedereingliederung an der Mobbingschule bis hin zur geplanten Abordnung an eine 150 km entfernte Schule vom Wohnort.

Letzteres war der Vorschlag der obersten Schulaufsicht des Landes. Und zu dieser war Jule an diesem Morgen auf dem Weg.

2 Das „zielführende" Personalgespräch

Viel zu früh erreichte Jule die Stadt Rohrweil. Genügend Zeit, sich einen Happen Essen zu genehmigen. Jule zwang sich noch immer zur regelmäßigen Nahrungsaufnahme.

Das Gebäude, vor dem Jule sich nun befand, erstrahlte in einem warmen, cremefarbenen Ton und gehört eigentlich zu den schönsten Gebäuden weltweit. Im 19. Jahrhundert wurde es im Stil der Renaissance erbaut und umfasst mehrere Innenhöfe. Ein kleiner Park schloss sich an der Rückfront des palastähnlichen Gebäudes an, welcher wiederum an einen Fluss mündete.

Jule stand eine ganze Weile am Eingang zu dieser Idylle und genoss die bezaubernde und malerische Romantik, die von diesem Ort ausging. Als eine ältere Dame sich auf der ersten weißen Bank niederließ, riss es sie aus ihrer Starre.

Herr Gössel, Jules Anwalt, traf erst kurz vor dem Gesprächstermin ein. Er machte auf Jule einen ziemlich angespannten Eindruck, der sie noch nervöser machte.

„Na, alles gut bei Ihnen?", fragte er Jule händeschüttelnd.

„Nein. Ich habe ein ungutes Gefühl. Irgendwie glaube ich nicht, dass das Ganze heute seinen Abschluss erreicht."

„Nicht so pessimistisch bitte", meinte Herr Gössel. „Wir sind gut gerüstet."

„Ja, das sind wir. Aber ob das ausreicht, wage ich zu bezweifeln. Recht und Ordnung sind doch eher etwas, was die Herrschaften da oben mit Füßen zu treten gedenken."

Die Gedanken an die bisher erfahrenen Ungerechtigkeiten ließen bei Jule Zornesröte im Gesicht aufziehen. Sie hasste sich dafür, konnte es aber nicht unterdrücken.

„Hallöchen, Hallöchen!", schallte es plötzlich hinter Jule und Herrn Gössel.

Sie drehten sich beide um und Jule traute ihren Augen nicht.

Konrad Müller, Vorsitzender des Landespersonalrates, bekannt für seine unglaubliche Eigenschaft, sich so zu positionieren, dass er ausschließlich demjenigen gerecht wird, der auf keinen Fall zum „Personal" gehört. Bekannt dafür, sich autoritätsgläubig und obrigkeitshörig instrumentalisieren zu lassen, bekundete den Wunsch auf Gesprächsteilnahme. Herr Gössel fand es ganz toll und gewinnbringend, Jule drehte sich der Magen um.

Sie flüsterte Herrn Gössel ins Ohr: „Wir sollten ihn draußen lassen, der tut uns nicht gut, ich kenne ihn."

„Lassen Sie ihn mit teilnehmen, er ist vom Personalrat und **muss** für Sie sprechen. Glauben Sie mir, alles wird gut. Bleiben Sie ganz ruhig." Dabei tätschelte Herr Gössel beruhigend auf Jules Schulter herum.

Die Zeit drängte, sie mussten nach oben. Und so zwängten sie sich zu dritt in den Fahrstuhl. Herr Gössel richtete im Spiegel seine Krawatte, Konrad Müller lächelte zufrieden mit einer unverwechselbaren Falschheit im Blick. Jule hätte auf der Stelle umkehren können.

Bei Betreten des Besprechungszimmers drohte Jule fast zu ersticken. Der Raum wies nur wenige Quadratmeter auf, und nun beherbergte er neben einem riesigen Schreibtisch, der bereits 90 Prozent der Gesamtfläche einnahm, zusätzlich auch noch sieben Menschen, die sich auf Stühlen an die Wand gequetscht versuchten, sich zu begrüßen. Ein kleines Fenster war gekippt, eine wirkliche Luftverbesserung versprach das nicht. Die Wände rochen alt und muffig. Der geblümten Tapete war anzusehen, dass sie sich schon Jahrzehnte an der Wand befand. An der gegenüberliegenden Wand zur Tür befand sich zudem ein riesiges Gemälde. Es zeigte einen Hirsch mit einem übermäßigen Geweih in einer dämmrigen Waldschonung. Unbehagen erfasste jeden, der hier eintrat.

Der Wunsch, Rohrweil auf der Stelle verlassen zu wollen, verstärkte sich noch, als sie neben dem Anwalt der Schulaufsicht und einem Protokollführer auch noch den für sie zuständigen Schulaufsichtsbeamten, Herrn Heiner Kalter, begrüßen musste. Gesehen hatte Jule ihn bisher noch nie, lediglich seine dreisten Briefe kannte sie.

Kalter hatte sich in die hinterste Ecke des Raumes gezwängt und reichte Jule über den Schreibtisch hinweg seine kleine und überaus kalte Hand, wobei er sie mit seinen eiskalten blauen und hervorstechenden Augen ansah.

Mundwinkel und Lippen waren wie mit einem Lineal gezogen und gaben ein: „Ach, Sie sind das!" von sich.

Jule reichte ihm die Hand, wobei sich sein Händedruck weich und unmännlich anfühlte, weit entfernt von seinem Gesichtsausdruck, welcher Teiche und Seen bei hochsommerlichen Temperaturen zum Gefrieren bringen könnten.

Widerwillig murmelte Jule ein höfliches „Guten Tag…" und setzte sich neben Herrn Gössel, der wiederum neben Müller saß.

Der Rechtsanwalt der Schulaufsicht, Justus Maier, leitete das Gespräch und wies zu Beginn darauf hin, dass man die Vergangenheit ruhen lassen wolle und dass ausschließlich zukunftsorientiert und zielführend zu sprechen sei.

„Also bitte!", entschlüpfte es Jule auch sogleich.

„Wie soll man in die Zukunft blicken, wenn vergangene Dinge, die ausschlaggebend für unser heutiges Zusammentreffen waren, nicht aufgearbeitet werden? Man kann doch nicht das, was passiert ist, was mir und anderen durch mobbende Personen angetan wurde, einfach unter den Teppich kehren und hier zum Small Talk übergehen!?"

Herr Gössel rutschte auf seinem Stuhl hektisch hin und her. Derartige Gefühlsausbrüche seiner Mandantin waren ihm höchst unangenehm, sodass er Jule auch gleich gegen den Fuß trat, mit der mimischen Bekundung `Lass es sein, sei still`.

„Doch, das können und das wollen wir jetzt auch so einhalten, bitte." Herr Maier ließ keinen Zweifel aufkommen, in seiner Meinung war er unumstößlich.

„Aber Sie, Herr Kalter, könnten uns doch zumindest mitteilen, was Sie gegen Lochwitz, Krause und Hartwig unternommen haben?" Die Namen der Mobber auszusprechen, fiel Jule bis heute schwer.

Eigentlich hätte Jule sich die Frage sparen können, aber sie wollte nichts unversucht lassen. Kalter zuckte nur mit den Schultern, verzog seine Mundpartie zu einer widerwärtigen Grimasse und ließ seine Augen erneut den Gefrierpunkt der Antarktis widerspiegeln. Irritiert blickte Jule aus dem Fenster und schüttelte nur noch den Kopf.

Herr Gössel räusperte sich und fasste sich kurz. Er fragte, was man sich vorgestellt habe für das heutige Gespräch.

Rechtsanwalt Maier erläuterte nun, dass es sehr schwierig sei, Jule an einer von ihrer gewünschten wohnortnahen Schule unterzubringen. Er stellte dar, welche Mühe sich Herr Kalter angeblich gegeben habe, um Unmögliches doch noch zu verwirklichen, dass ihm allerdings die Hände gebunden seien und ergoss sich in einem nicht enden wollenden Redeschwall über die organisatorischen Schwierigkeiten des Schulsystems im Land. Kalter mischte sich immer wieder ein und erklärte seine Handlungsweisen, die sowohl für Jule als auch für Herrn Gössel unbegreiflich und in keinster Weise nachvollziehbar erschienen. Kalter verstrickte sich in Widerworte und Lügen, Herr Gössel notierte sich hin wieder Stichpunkte.

Nachdem Kalter und Maier endeten, entstand eine kurze Pause, in der Jule und Herr Gössel verständige Blicke tauschten. Seiner sich im Vorfeld gut zurecht gelegten Strategie folgend, legte Herr Gössel nun los. Er reichte den Anwesenden Herren ein vorbereitetes Skript und erläuterte ruhig aber volltönend, wie es sich dennoch ermöglichen ließe, Jule an eine der zwei gewünschten wohnortnahen Schulen zu versetzen.

Nach ein paar Minuten hielt es Heiner Kalter nicht mehr aus. Mit lauten Zwischenrufen wie „Ach, das ist doch Quatsch!" und „Nein, Sie lügen, das geht nicht, die Schule ist vollbesetzt, ich habe das sogar schriftlich!" störte er Herrn Gössels Vortrag durchgreifend.

Herr Gössel stockte kurz, was Kalter augenblicklich dazu benutzte, sich Jule zuzuwenden und sie drakonisch und rigoros zu belegen, in einer Art und Weise, die einem wütenden General ähnelte, der sich eines nicht ausgeführten Befehls eines Untergebenen gegenübersah. Nach mehreren unflätigen Beleidigungen setzte er zum Schlussakkord an und schrie Jule regelrecht ins Gesicht, dass er es mehr als unverschämt fände, dass sie einfach seinen Anweisungen nicht Folge leisten würden.

„Welche Anweisungen?", fragte Müller. Er ergriff nach dem verstummten Schrei als erster das Wort.

Kalter hatte sich nicht mehr unter Kontrolle und schrie unentwegt weiter.

„Ich habe angeordnet, dass Frau Schmidt Ihren Dienst aufzunehmen hat an der Krähenschule! Und was macht die, fährt einfach nicht hin! Die Schulleitung wartet bis heute."

Herr Gössel hob die Hand.

„Herr Kalter, zur Krähenschule müsste Frau Schmidt 150 km weit fahren. Mit öffentlichen Verkehrsmitteln ist die Strecke nicht zu meistern. Mit dem Auto braucht man mindestens dreieinhalb Stunden. Wir haben das überprüft, zahlreiche Ampeln und zwei Dauerbaustellen erschweren die Verkehrssituationen erheblich. Ich…"

Weiter kam Herr Gössel nicht, denn Kalter schwappte nun regelrecht über. Er sprang auf und beugte sich mit seinem gesamten Oberkörper zu Jule über den Schreibtisch. Hochrot, die Zähne fletschend und völlig irre im Blick schrie er Jule erneut an.

„Ich befehle es Ihnen hiermit, Sie fahren ab morgen dorthin oder ich sorge dafür, dass Sie entlassen werden!"

Jule wich konsterniert zurück und blickte bestürzt zu Justus Maier. Dieser teilte offensichtlich Jules Erschrockenheit und blickte nun zu Kalter, der sich mittlerweile wieder gesetzt hatte und mit Müller begann, zu tuscheln.

„Ich möchte an dieser Stelle für ein paar Minuten unterbrechen. Bitte, Herr Gössel und Frau Schmidt, seien Sie so gut und gehen kurz frische Luft schnappen, ja? Im Foyer gibt es einen Kaffeeautomaten und auch Erfrischungsgetränke. Nehmen Sie doch dort etwas zu sich. Wir rufen Sie dann, wenn es weitergeht."

Entsetzt und zugleich fassungslos erhoben sich die beiden Angesprochenen und gingen hinaus.

Im Foyer angelangt, zog Herr Gössel zwei Kaffee aus dem Automaten. Jule zitterte wie Espenlaub, so dass Herr Gössel den Kaffeebecher sogleich auf einer Fensterbank abstellte, sein Jackett auszog und es Jule über die Schultern legte.

Jule sagte keinen Ton. Sie war bis ins Mark erschüttert. Regungslos und starr lehnte sie an der Wand und ließ sich von Herrn Gössel beruhigen. Sie hörte nicht, was er sagte, seine Worte verhallten im Raum. Sie schloss die Augen und machte tiefe Atemzüge. Dabei legte sie ihre Hände in die Flanken und drückte gegen den seitlichen Oberkörper bei der Ausatmung, um diese zu unterstützen. Mit dieser Form von Atemtherapie bekam sie häufig unkontrollierbare Situationen in den Griff. Doch diese hier war unverhältnismäßig. Sie merkte, wie ihre Knie versuchten, nachzugeben. Schnell öffnete sie die Augen und suchte nach einer Sitzgelegenheit im Foyer. In Bruchteilen von Sekunden vernahm sie, dass es keine gab. Schnell setzte sich auf den Boden. Es war ihr egal, was Vorbeigehende dachten und wie sie angeschaut wurde. Nur nicht zusammenklappen, war ihr einziger Gedanke bei der Suche nach dem rettenden Traubenzucker in ihrer Handtasche. Sie fand ihn schnell und bemerkte, wie ihn ihr jemand aus der Hand nahm.

Peter Gössel hatte schon so manche nervenaufreibende Situation mit Mandanten erlebt und auch der ein oder andere Zusammenbruch eines Klienten war ihm vertraut. Und so nahm er Jule das Päckchen aus der Hand, wickelte zwei Plättchen aus und legte sie Jule in die Wangentasche. Er drückte leicht gegen Jules Wange und forderte sie auf, zu schlucken. Sie folgte sie seiner Anweisung und sah, wie er dem Automaten eine Cola entlockte, sie geschickt öffnete und sie Jule an den Mund hielt. Wie einer Schwerstkranken hielt er Jule den Kopf und zwang sie so, mehrere Schlucke zu trinken.

Nach einigen Minuten ging es Jule besser, sie kam zu sich, wurde wieder klar und bedankte sich artig für Herrn Gössels geleistete Hilfe.

„Herr Kalter ist ziemlich unhöflich und aggressiv, nicht von schlechten Eltern." Herr Gössel sprach sehr leise.

„Was machen wir jetzt?"

„Nun, wir warten ab. Ich nehme an, Herr Maier wird ihn in die Schranken weisen und zu einem zivilisierten Umgangston ermahnen. Vielleicht prüft er auch, was sich in unserem Skript befindet, nach. Dann wird er feststellen, dass dieser Herr Kalter seine Arbeit nicht korrekt ausführt. Allein der Fahrweg an die Krähenschule ist ja etwas, was Herrn Maier nachdenklich werden ließ, das hatte ich ihm schon angesehen. Und die zwei anderen vorgeschlagen Schulen auszuschlagen können er und Kalter auf Dauer nicht durchhalten. Wir haben genug entgegenzusetzen."

„Meinen Sie, ich muss da nochmal rein?"

„Die werden einen Vorschlag vorbereiten, der beiden Seiten gerecht wird. Glauben Sie mir, wenn wir jetzt reingehen, ist es garantiert nur noch ein kurzer informativer Austausch." Herr Gössel war sich seiner Sache sicher.

„Müller hätte Kalter eigentlich unterbrechen müssen. Sitzt daneben und sagt keinen Ton, unglaublich." Jule war noch immer fassungslos.

„Ja, finde ich auch seltsam. Personalräte sollten doch eigentlich deeskalieren, stattdessen geht er auf Kuschelkurs mit Herrn Kalter. Derartiges habe ich ehrlich gesagt auch noch nicht erlebt."

„Deswegen wollte ich ihn auch nicht dabeihaben. Er ist bekannt dafür."

„Ach Mist, das wusste ich nicht." Herr Gössel ärgerte sich sichtlich.

„Ich habe es Ihnen vorhin angedeutet."

„Ja, ich weiß… nun ist es nicht mehr zu ändern."

Sie warteten weitere 20 Minuten, bis sie wieder in den Besprechungsraum hineingerufen wurden. Herr Gössel hatte sich in der Zwischenzeit zu Jule auf den Fußboden rutschen lassen. Nach draußen zu gehen, kam beiden nicht in den Sinn.

Justus Maier hatte es tatsächlich geschafft, Kalter im wahrsten Sinne des Wortes kalt zu stellen. Er saß nach der Unterbrechung kleinlaut in seiner Ecke und schaute wie ein verdattertes Kaninchen drein. Müller hingegen blickte Jule und Herrn Gössel mit geschwollener Brust entgegen und grinste. Scheinbar war er zufrieden mit der gefundenen Lösung und auch damit, dass er sie vortragen durfte. Wie armselig…

„Ach da sind Sie ja beide. Wir haben uns alles nochmal überlegt."

„Vielleicht sollte sich Herr Kalter ja erstmal bei Frau Schmidt entschuldigen." Herr Gössel ließ sich anmerken, dass er gereizt war.

„Wofür?", wisperte es leise aus der Ecke.

„Wofür?", äffte Herr Gössel ihn nach. „Ich glaube es ja wohl nicht. Finden Sie nicht, dass Sie eben gerade eindeutig zu weit gegangen sind? Wir befinden uns doch nicht auf dem Kasernenhof?"

„Hi, hi, hi…Kasernenhof, das ist gut...", Kalter fand den Vergleich offensichtlich lustig. „Ich bin jetzt leiser", bemerkte er schnell nach einem strafenden Blick aus Maiers Richtung, eine Entschuldigung brachte er nicht heraus.

Justus Maier übernahm erneut die Moderation und sprach: „Also Frau Schmidt, wir wollen alle, dass Sie schnell wieder Ihren Dienst aufnehmen. Von daher fände ich es angebracht, dass Sie zurückgehen an Ihre Ausbildungsschule. Das ist die einzig machbare wohnortnahe Schule, die beiden anderen sind wirklich voll besetzt, da kann auch ich nichts machen. Die Otto-Klarson-Schule und die Kollegen dort kennen Sie ja gut, die örtlichen Begebenheiten sind Ihnen vertraut. Ich habe gerade schon mit der Schulleiterin telefoniert. Sie ist einverstanden, dass Sie kommen."

„Das ist nicht Ihr Ernst…?" Jule hatte nicht geglaubt, dass sich ihr Kreislauf heute nochmals verabschieden könnte. Abermals hatte sie weiche Knie, obwohl sie saß und abermals zog das flaue Gefühl durch die Magengegend.

„Was passt Ihnen denn jetzt schon wieder nicht?" Kalter war wieder aufgetaut. „Wollen Sie da auch nicht hin, oder was? Das gibt es doch gar nicht? Soll die Schulleiterin auch wieder wochenlang auf Sie warten..." Er schrie und schrie, die Worte wirbelten durch die Luft und legten sich wie Blei auf Jules Schultern nieder. Sie schloss die Augen und merkte, wie ihr die Tränen hineinschossen und sich das Wasser einen Weg bahnte.

„Hören Sie endlich auf, hier herumzuschreien. Das ist ja unmöglich!" Herr Gössel war außer sich. „Haben Sie dem zugestimmt?" Dazu blickte er Konrad Müller an.

Dieser nickte nur.

Justus Maier wusste nicht, wie er sich verhalten sollte. Einerseits fand er die Stimmung mehr als unangenehm, andererseits tat ihm Jule leid. Dass Jule nicht an die Krähen-Schule versetzt werden konnte, hatte er gleich nachvollzogen, als Herr Gössel es erklärte. Aber warum die Otto-Klarson-Schule für Jule nicht in Betracht kam, war ihm unklar. Gerade diese Schule verfügte über einen hervorragenden Ruf und war im Gegensatz den anderen gewünschten Schulen sogar noch näher gelegen. Er entschloss sich, der Sache auf den Grund zu gehen.

„Was ist mit der Otto-Klarson-Schule, Frau Schmidt? Welchen Hinderungsgrund gibt es?" Er bemühte sich feinfühlig zu sein. Mit Kalter musste er sich später noch allein beschäftigen.

Jule war nicht fähig zu antworten. Hilfesuchend blickte sie zu Herrn Gössel und bat damit indirekt, die Antwort zu übernehmen. Er verstand auf Anhieb.

„An der Otto-Klarson-Schule arbeitet seit über 20 Jahren Frau Manns. Sie ist sehr eng mit Frau Hartwig befreundet. Letztere stellt die Hauptmobberin dar, die meiner Mandantin schwerste Schäden zugefügt hat."

„Ich verstehe noch immer nicht so ganz…", bemerkte Herr Maier.

Herr Gössel erklärte weiter: „Als beste Freundin von Frau Hartwig war es Frau Manns ein besonderes Anliegen, Frau Hartwig in ihren Mobbing-Handlungen zu unterstützen. Dazu horchte sie meine Mandantin, mit der Frau Manns bis zum Zusammenbruch im vergangenen Jahr auch befreundet war, fortwährend aus. Frau Hartwig hat über einen großen Zeitraum die übermittelten Informationen gut für sich nutzen können, um Frau Schmidt zu schaden, um sie zu denunzieren. Als Frau Schmidt von diesem Umstand erfuhr, hat sie unvermittelt Frau Manns die Freundschaft aufgekündigt. Sie können sich sicher vorstellen, dass es für Frau

Schmidt fatal sein könnte, von Frau Hartwig nun zu Frau Manns zu wechseln. Sie kommt dann vom Regen in die Traufe. Ich sehe mit einer Versetzung an diese Schule keine realistische Chance auf langfristigen Erfolg. Und eigentlich sollte es darum ja heute gehen, eine langfristige Lösung sollte gefunden werden."

Justus Maier nickte verständig. Nun war er im Bilde und konnte die Beweggrüne nachvollziehen. Wenn da nicht noch Konrad Müller mit anwesend gewesen wäre. Aus welchem unersichtlichen Grund auch immer, mischte er sich erneut ein und hätte nachfolgend betrachtet besser seinen Mund gehalten. Vielleicht hätte sich Justus Maier dann doch zu einer vernünftigen Lösung hinreißen lassen.

„Da hätte ich noch einen Erweiterungsvorschlag", meinte er fachmännisch.

„Na dann mal los, wir sind ganz Ohr!" Herr Gössel schaute erneut auf die Uhr. Offensichtlich wollte er zum Ende kommen.

Müller stupste sich die Brille zurecht.

„Wir können es ja so machen: Frau Schmidt wird erstmal nur für sechs Monate abgeordnet. In der Zeit kann sie sich einleben und schauen, wie es läuft an der Schule und mit der Zusammenarbeit mit Frau Manns. Und wenn sie der Meinung ist, dass es funktioniert, übermittelt sie uns dieses und die Versetzung wird automatisch nach sechs Monaten durchgeführt."

Er fand den Vorschlag perfekt.

„Meine Mandantin hat einen Versetzungsantrag gestellt und keinen Abordnungsantrag. Darüber gibt es schon zur Genüge Schriftverkehr, nicht wahr Herr Kalter?"

Dieser zuckte die Schultern und ließ den Satz offenbar an sich abprallen.

„Was meinen Sie zu diesem Vorschlag? Sollen wir kurz mal vor die Tür gehen?" Jule nickte.

Auf dem Flur berieten sich die beiden ein paar Minuten lang. Jule überlegte hin und her und meinte, es wäre besser, das Ganze über das Wochenende sacken zu lassen und keine übereilten Beschlüsse zu fassen. Herr Gössel fand das gut.

Also betraten sie erneut und letztmalig den Besprechungsraum, Herr Gössel verkündete das erzielte Ergebnis.

Nun war es Müller, der ungehalten wurde. „Wenn Sie sich jetzt nicht entscheiden, Frau Schmidt, garantiere ich Ihnen, dass ich Ihnen in meiner Funktion des Personalratsvorsitzenden nie wieder helfen kann!"

„Ich hatte nicht um Ihre Hilfe gebeten, Sie haben sich aufgedrängt, soweit ich mich an vorhin erinnern kann." Jules Stimme zitterte leicht.

„Ich finde Herrn Müllers Vorschlag gar nicht so abwegig. Ihnen passiert doch nichts dabei. Im Gegenteil, Sie gewinnen. Sie können wieder unterrichten, haben es nicht weit zur Schule, und mit Frau Manns müssen Sie ja keinen Kaffee trinken gehen. Lassen Sie die einfach links liegen und machen ausschließlich Ihre Arbeit. Außerdem kann ich mir nicht vorstellen, dass die Ihnen irgendwas antun wird. Immerhin war sie es doch, die sich am Mobbing mitbeteiligt hatte. Wenn das die Runde machen würde im Kollegium der Otto-Klarson-Schule, würde sie sich schließlich selbst ans Messer liefern." Justus Maier wollte jetzt wirklich zum Ende kommen.

„Ich weiß nicht, Sie alle kennen die Person nicht so wie ich. Die kann einem das Leben zur Hölle machen, ehrlich. Ich fühle mich nicht gut dabei. Zumal ich dann ja auch ein weiteres halbes Jahr zur Lochwitzschule gehöre, wenn wir genau sein wollen, weil ich nur abgeordnet bin." Jules Magen zog sich schmerzlich zusammen. „Geht's schief, sitzen wir in sechs Monaten wieder hier und überlegen wie es weitergehen soll."

„Jetzt geben Sie sich schon einen Ruck." Müller drängte. Hatte er was vor? Der führt doch was im Schilde? Jule konnte sich dieser Gedanken nicht verwehren.

Herr Gössel beendete das Szenario. „Okay, wir machen es so: Sie schicken mir das hier und heute Vereinbarte schriftlich und zwar umgehend. Frau Schmidt wird abgeordnet an die Otto-Klarson-Schule für sechs Monate. Die Abordnung geht automatisch am ersten Tag nach Ablauf der sechs Monate in eine Versetzung über, sofern Frau Schmidt keine Einwände hegt. Geht alles gut, können wir diese Angelegenheit als erledigt betrachten. Fühlt sich Frau Schmidt nicht wohl und entwickelt sich Frau Manns erneut zur Mobberin, wovon meine Mandantin und ich fast ausgehen, versetzen Sie Frau Schmidt umgehend und ohne weitere Besprechungen an eine der beiden anderen wohnortnahen Schulen, egal ob dort Bedarf besteht oder nicht. Können wir uns darauf einigen?"

Herr Maier nickte zufrieden, sein Tagesziel war erreicht. Müller blickte forsch in die Runde und nickte und bedankte sich, warum auch immer, für die

Aufmerksamkeit. Kalter reagierte gar nicht. Er war wieder mal kaltgestellt.

Vor dem Gebäude verabschiedeten sich Jule und Herr Gössel. Jule brachte nochmal ihre Bauchschmerzen zum Ausdruck, Herr Gössel beruhigte sie. Er beteuerte, dass nun alles gut werde. Sie würde ihren Unterricht an der Otto-Klarson-Schule aufnehmen, sich nichts zu Schulden kommen lassen, der Manns solle sie aus dem Weg gehen und sich auf die Schüler konzentrieren. Bei dem kleinsten Problem würde Jule eben wieder dort aufhören und an einer der beiden anderen Schulen anfangen. Sobald sie das schriftlich hätten, könne doch nichts mehr schiefgehen.

Jule war innerlich aufgewühlt. Sie war zittrig, nervös und die Knie schlotterten ihr nach wie vor. So konnte sie unmöglich die lange Heimreise antreten. Schon bereute sie, allein gefahren zu sein.

Ihr Blick wanderte zum Eingangsportal in den kleinen Park. Sie sah, dass die alte Frau von vorhin noch immer auf der Bank saß. Einem Impuls folgend setzte sie sich neben die scheinbar schlafende Frau und schaute gedankenverloren auf den Fluss. Leise und unmerklich flossen die Tränen, die Unterhaltung hinterließ ihre Spuren.

Plötzlich verspürte sie etwas Weiches an ihrer Wange, ein Taschentuch, und drehte sich zur Seite. Die alte Frau hatte gar nicht geschlafen, sie hatte wohl bloß geruht und dabei die Augen geschlossen.

„Na, mein Mädchen, ganz allein auf dieser furchtbaren Welt?" Ein aufrichtiges Mitgefühl war der brüchigen alten Stimme zu vernehmen.

Jule musste lächeln. „Ach nein, Gott bewahre, ich bin glücklich verheiratet und habe zwei tolle Kinder."

Jule wischte sich die Nässe aus dem Gesicht und putzte sich mit dem edlen Spitzentaschentuch die Nase.

„Aber was hat dich dann so zum Weinen gebracht?"

„Ein unmöglicher Beamter, der auf diktatorische Art und Weise versucht, mein Leben zu bestimmen. Ein Gespräch mit unmöglichen Menschen, welches ich am liebsten als „nicht stattgefunden" im Kalender vermerken würde. Und ein Anwalt, der einem Deal stattgegeben hat, den ich als untragbar empfinde." Die Worte kamen leise aus Jule heraus, die alte Frau schien sie dennoch gut zu verstehen.

„Viele dumme Menschen auf einem Haufen, was?" Sie fasste in Sekundenschnelle das zusammen, was Jule seit Stunden empfand.

„Ja, sehr dumme Menschen. Besonders einer ist ein sehr abscheulicher und unsympathischer Mensch. Er ist eiskalt und wissen Sie, wie er dazu auch noch heißt?"

Die alte Frau schüttelte ihren Lockenkopf. Aber sie schenkte Jule ein warmes und herzliches Lächeln.

„Kalter."

„Ach herrje, na das passt ja dann. Weißt du Mädchen, wenn man sich mit dummen Menschen einlässt, dann betritt man zwangsläufig einen Kriegspfad. Ich sage immer, lass dich nie mit dummen Menschen ein, diesen Krieg verlierst Du."

„Mhm, und was mache ich jetzt?"

Die alte Frau erhob sich, nahm Jules Hände in ihre und drückte sie fest an sich.

„Das kann ich dir nicht sagen. Ich kann dir nicht sagen, was zu tun ist. Ich kann dir nur raten, dich von dummen Menschen zu entfernen. Verlasse den Kriegspfad, so lange du noch kannst."

„Dann muss ich auf den Deal eingehen und mich in mein Schicksal fügen?"

„Wenn das Weg ist, dummen Menschen nicht zu begegnen, dann ja."

„Dort, wo ich hingehe, wird es auch einen dummen Menschen geben."

Die alte Frau hielt Jules Hände noch immer fest. Die ihren waren weich und warm, ihr Druck kam von Herzen.

„Und wie viele normale Menschen stehen dagegen?"

„Ungefähr 80."

„Dann ist es *vielleicht* einen Versuch wert. Aber wenn du merkst, dass es nichts wird, dann verabschiede dich schnell und gehe einen neuen Weg." Die alte Frau stützte sich auf ihren Rollator und löste langsam aber mit Bedacht die Bremsen.

„Ihr Taschentuch, ich habe es ganz beschmutzt. Darf ich es Ihnen zurücksenden, wenn ich es gewaschen habe?"

„Behalte es, mein Mädchen. Behalte es als Erinnerung an diesen wundervollen Ort und als Erinnerung an meine Worte." Sie setzte den ersten Fuß vor den anderen.

„Ich danke Ihnen…" Jule fühlte sich viel besser.

„Nicht dafür, mein Mädchen. Danke dem Leben, welches dir deinen dich liebenden Mann geschickt hat und deine zwei Kinder. Nichts anderes im Leben ist wichtiger, als die Familie. Sie ist das höchste Gut im Leben. Alles andere ist unwichtig. Alles andere verblasst. Ich wünsche dir alles Gute. Ich fühle eine starke Frau in dir. Hol die Stärke wieder hervor und zeig es denen da oben."

Sie wies bei den letzten Worten genau zu dem Fenster hin, welches zum Besprechungsraum gehörte, in dem sich noch immer Kalter, Müller und Maier befanden.

Mit diesen Worten setzte sie sich endgültig in Bewegung und verließ den Park.

Jule schaute ihr nach und konnte nicht glauben, dass sie wusste, in welchem Raum sie gewesen war. Oder war es nur Zufall?

Die Ratschläge, die Jule noch immer berührten und an die sie sich wohl für den Rest ihres Lebens zurück erinnern würde, waren ihr nicht fremd. Ihre Oma hatte sie ihr genauso als Kind schon mit auf den Weg gegeben. Sie hatte ihre Oma über alles geliebt, hatte Halt gefunden, wenn sie mit ihr zusammen Zeit verbrachte, hatte immer Weisheit von ihr erfahren in Gesprächen über das Leben und war lange Zeit nicht über ihr Ableben hinweggekommen. Fünf Jahre lag ihr Todestag zurück.

Sah die alte Frau ihr nicht unheimlich ähnlich? Jule erschrak bei diesem Gedanken, konnte sich aber nicht gegen ihn wehren. Sie hatte sie gar nicht nach ihrem Namen gefragt.

Schnell sprang Jule auf und eilte zur Pforte. Sie lief über den Vorplatz des Gebäudes und schaute sich in alle Himmelsrichtungen um. Nichts. Sie war weg. So wie sie gekommen war, war sie gegangen. Leise…

In der Hand hielt Jule noch immer das Taschentuch. Es hatte in einer Ecke Initialen eingestickt, E.V. Die Initialen ihrer Großmutter…

3 Abstand

Die kommende Woche verging wie im Flug. Zahlreiche Menschen wollten Bericht erstattet haben, die engsten Familienmitglieder, Jules Freund Thomas, ihre Freundin Katja und ein paar mitleidende Bekannte auch. So telefonierte Jule tagein tagaus, traf in der Nähe wohnende Gesprächspartner auf einen Kaffee und erzählte ihre Erlebnisse aus Rohrweil so oft, dass sie sich am Wochenende schon selbst nicht mehr reden hören konnte.

Die Zuhörenden waren sich allesamt einig, Jule ihr tiefstes Mitgefühl zu schenken bezüglich des Personalgesprächs, ihr aber auch Hoffnung dahingehend zuteilwerden zu lassen, dass der Neubeginn an der Otto-Klarson-Schule gut funktionieren möge. Besonders Katja war sich sicher, dass man eine derartige Mobbing-Situation in der erlebten Ausprägung nur einmal erleben würde und war sich sicher, dass Elke Manns aus lauter Scham Jule aus dem Weg gehen werde.

Paul und Thomas hingegen schlugen die Hände über dem Kopf zusammen. Beide Männer konnten nicht glauben, dass eine derartige Vereinbarung das Ergebnis eines mehrmonatigen Rechtsstreits sein sollte und kamen auch in jeglicher Hinsicht darin überein, dass der

Versuch einer Zusammenarbeit von vornherein zum Scheitern verurteilt sei.

Jule war hin und hergerissen. Ihre Gefühle zerrissen sie innerlich und brachten so gar keine Ruhe oder klar fassende Gedanken mit sich. Einzig die Worte der alten Dame gaben ihr Halt und Kraft. An sie erinnerte sich Jule täglich immer wieder.

Unterdessen war Herr Gössel bemüht, die getroffenen Vereinbarungen schriftlich zu bekommen. Ein heilloses Unterfangen... er setzte sich dennoch durch, etlichen Telefonaten und einigen Drohungen zufolge waren die Herren Maier und Kalter dann doch bereit, ein Schriftstück aufzusetzen, welches die getroffenen Vereinbarungen widerspiegelte.

Dieses Stück Papier erhielt Jule am Montag darauf und hütete es wie einen Schatz. Der wichtigste Satz, war der letzte: „...im beiderseitigen Einvernehmen werden Sie aus dienstlichen Gründen an die Otto-Klarson-Schule für den Zeitraum von sechs Monaten abgeordnet; die Abordnung geht automatisch in eine Versetzung über, sofern Sie nicht vier Wochen vor Ablauf der Abordnung schriftliche Einwände geltend machen."

Geschafft! dachte Jule. Alles wird gut.

Wenige Tage später fand sie einen Brief der Schulleiterin der Otto-Klarson-Schule im Briefkasten vor. Er war sehr nett geschrieben und lud zu einem Gespräch am letzten Ferientag ein, in dem es um die Klärung der Stundenverteilung und der Begrüßung in der Schule gehen sollte. Nichts deutete auf zu erwartende Unannehmlichkeiten hin, man freue sich auf ihr Kommen. Jule war dankbar für diese netten Zeilen, wischte endgültig alle Bedenken beiseite und holte die

Koffer aus dem Keller. Der Urlaub würde Erholung bringen und danach konnte das Unterrichten wieder losgehen.

4 Neue alte Schule

Jule steuerte ihr Auto auf den Parkplatz der Otto-Klarson-Schule. Gleich der erste Platz war frei und bot beim Zurückblicken aufs Auto die beste Position zur sofortigen Flucht.

Es ging ihr schon ein wenig nah, nach der langen Auszeit wieder ins Berufsleben einzusteigen, vor allem aber graute ihr vor der Begegnung mit Elke.

Als beste Freundin von Sabine Hartwig hatte sich Elke über viele Monate hinweg im Hintergrund am Mobbing gegen Jule beteiligt. Ob bewusst oder unbewusst und vielleicht nicht ahnend, welche Tragweite ihre Informationsweitergaben haben würden, hatte Elke sich doch durch Aushorchmanöver in privaten und netten Gesprächen mit Jule derer Informationen bedient, die für Sabine Hartwig damals so wichtig waren, um den Psychoterror gegen Jule so zu führen, wie sie es getan hatte. Jule hatte erst zum Ende der Mobbingattacken davon erfahren, und sie hatte Elke daraufhin sofort die Freundschaft aufgekündigt.

Nun mit ihr an derselben Schule unterrichten zu müssen, stellte für Jule eine ungute Situation dar und sie machte sich nicht frei von Sorgen und Ängsten, ob sich ihre Befürchtungen nicht doch erfüllen sollten und sie nun wirklich vom Regen in die Traufe gelangte.

Zögerlich erklomm sie die einzelnen Treppenstufen und erreichte doch zügig den Sekretariatsbereich. Man begrüßte sie sehr freundlich und führte Jule ins Schulleiterzimmer.

Der zuständige Abteilungseiter für Jules Einsatzgebiet und die Schulleiterin begrüßten Jule sehr herzlich. Bei einem kurzen aber durchaus netten und harmonischen Gespräch wurden alle offenen Fragen geklärt, der Stundenplan besprochen. Danach fand ein Rundgang durch jene Räume statt, in denen Jule in Zukunft unterrichten würde. Alles schien perfekt.

„Na, Hexe II schon begegnet?" Es war Marie, die sogleich nach Jules Heimkehr fragte und sich ein hämisches Lachen nicht unterdrücken konnte.

„Tut mir leid, junge Dame, ich kann leider nicht mit Horrorgeschichten aufwarten. Alles verlief ruhig und ohne Zwischenfälle. Elke ward nicht gesehen."

Paul runzelte die Stirn und meinte: „Na, ich weiß nicht… wir werden ja sehen, wie lange alles ohne Zwischenfälle verläuft."

Was Paul seit Wochen voraussagte, sollte sich alsbald zutragen.

In den ersten drei Schulwochen war Jule damit beschäftigt, sich Namen über Namen einzuprägen. Das halbe Kollegium hatte sich in den vergangenen Jahren erneuert, von den Schülern kannte Jule logischer Weise niemanden. Kollegen allerdings, die Jule noch von früher kannten, kamen auf sie zu und begrüßten sie herzlich. Umarmungen fanden statt, Einladungen zum Kaffee und Fragen nach dem Unterrichtseinsatz. Hilfe für die ersten Wochen wurde ihr angeboten, die Einbindung in ein Team wurde prompt vollzogen, Jule war glücklich und zufrieden. Sie hatte nicht gewagt, darauf zu hoffen, dass die Aufnahme hier so reibungslos verlaufen würde.

War sie im Lehrerzimmer, bemerkte Jule wohl im Augenwinkel die hämischen Blicke Elkes. Da diese sie aber weder ansprach noch auf sie zukam, stand für Jule nach einiger Zeit fest, dass Elke keine Gefahr darstellt und sie in Ruhe lassen wird.

Sich in dieser Sicherheit wiegend war grob fahrlässig und führte zum Entsetzen Jules, als sie an einem Montag nichtsahnend allein in einem Klassenraum stand und die Tafel wischte. Die bereits nach Hause gegangenen Schüler hatten die Tür offenstehen gelassen. Durch einen Windzug drehte Jule reflexartig ihren Kopf in Richtung Tür.

Sie stand im Türrahmen gelehnt, die Arme überkreuzt, das Gesicht zur Faust geballt und hätte mit ihrem Blick jeden in Sichtweite töten können.

Hexenalarm!

Elke löste sich aus ihrer Beobachtungshaltung, ging auf die zur Salzsäule an der zur Hälfte gewischten Tafel erstarrte Jule zu und positionierte sich breitbeinig vor sie. Die Hände nun in die Flanken gestützt verzog sich ihr in Falten gelegtes Gesicht zu einer monströsen Maske. Unfähig auch nur einen einzigen klaren Gedanken zu fassen, legte Elke los mit ihrem widerwärtigen Monolog, welcher unablässig auf Jule hernieder prasselte und ihr das Gefühl vermittelte, sie wäre das letzte Stück Dreck auf Erden.

„Was fällt dir ein, hier aufzuschlagen in meiner Schule!? Du bist doch echt das Letzte. Ich habe dir nichts getan und was machst du, du blödes Miststück? Und du sprichst mir die Freundschaft ab? Du mir? Aber daraus wird nichts, wenn, dann spreche ich dir die Freundschaft ab."

Knallrot von den Haarwurzeln bis tief ins Dekolleté hinein schrie sie die letzten Worte noch nur in einer heiseren Stimmgebung.

Den Luftschnapper nutzte Jule, um genauso heiser aber dennoch hörbar ihrer Widersacherin zu entgegnen: „Hast du vergessen, wie du mich über Monate ausgehorcht hast? Spielst mir die beste Freundin vor und in Wahrheit warst du eine Feindin, hast dich an Sabine gehalten und ihr brühwarm unsere Gespräche weitergegeben. Damit bist du eine Mitmobberin ersten Grades. Und weißt du was? Es hat gar keinen Zweck mehr, dass du es abstreitest. Deine liebste Sabine hat es nämlich im Beisein von Zeugen zugegeben. Und noch eins: Ich bin hier nicht aus freien Stücken. Die Schulaufsicht hat entschieden, dass ich hier arbeiten muss. Keiner kann das ändern. Also reiß dich zusammen, lass uns professionell als Kollegen hier anwesend sein und begrab den Privatkram draußen."

„Das ist ja wohl nicht dein Ernst. Das eine sage ich dir: Ich werde dafür sorgen, dass du hier verschwindest. Glaub mir, ich finde Mittel und Wege. Aber du bleibst nicht hier, definitiv nicht! Und wenn es das letzte ist, was ich tue. Aber dich entsorge ich und zwar schnellst möglichst!"

Mit dem letzten Satz drehte sich Elke wutentbrannt um und verließ den Raum, nicht, ohne die Tür gehörig zuknallen zu lassen.

Jule atmete tief durch und bemerkte erst in diesem Augenblick, dass sie während der Auseinandersetzung die Kreide zerbröselte hatte, die sich in ihrer Hand befand. Sie ging zum Waschbecken und wollte gerade den Wasserhahn aufdrehen, als sich die Tür erneut öffnete.

Gott sei Dank nicht Elke, sondern Sonja steckte ihren Kopf zwischen Tür und Rahmen hindurch.

„Meine Güte, was ist denn hier los? Hat Elke noch alle Tassen im Schrank? Warum hat sie dich so angeschrien?"

Sonja kam näher, zog ein Tempo aus der Jackentasche und reichte es Jule, der mittlerweile die Tränen in Strömen über die Wangen liefen.

„Sie will dafür sorgen, dass ich hier verschwinde."

„Sie will was? Aber warum?" Sonja hielt sich beide Hände fragend vor ihren Mund.

Jule zögerte, aber sie hatte in der Therapie gelernt, die Dinge beim Namen zu nennen.

„Wir waren eng befreundet. Das hat sie ausgenutzt und mir sehr wehgetan. Ich habe mich daraufhin zurückgezogen. Auch mein Mann. Es gibt keine Freundschaft mehr."

„Und deswegen will sie auch nicht, dass du hier bist, damit du es nicht den anderen erzählen kannst?"

Sonjas Stimme wurde leise und fürsorglich. Sie legte einen Arm um Jules Schultern und zog sie an sich.

„Ja, ich denke."

Zu Hause angekommen, griff Jule zum Telefonhörer und versuchte, Konrad Müller zu erreichen. Durch Zufall war er gerade in seinem Büro und nahm ab.

Jule erzählte ihm von der Begebenheit mit Elke und fragte ihn, wie sie sich jetzt verhalten solle. Er hörte sich alles an und machte sich Notizen. Nach kurzer

Bedenkzeit sagte er Jule, sie solle sich beruhigen und zunächst niemandem davon etwas berichten. Er ginge davon aus, dass Elke sich einmalig versuche wolle, in Szene zu setzen. Wenn Jule aber fortan die Faust in der Tasche ballen, die Zähne zusammenbeißen und durchhalten würde, dann füge sich schon alles zusammen.

Gesagt, getan.

Die Wochen vergingen und tatsächlich kehrte nach diesem Vorfall Ruhe ein. Jule ging ihrer Arbeit nach, das Unterrichten machte wieder Spaß. Sie nahm an Besprechungen und Treffen mit den Kollegen teil, nach vier Monaten plante sie ein Projekt und unterstützte ein Lehrerteam bei der Organisation eines Schulausfluges.

„Na, alles gut bei dir?", fragte Katja mit weißem Schnauzbart vom Cappuccino.

„Ja, alles gut."

Die beiden Freundinnen hatten sich in einem Café verabredet.

„Man hört gar nichts mehr von Elke …", sagte Katja und schaute Jule mit fragendem Blick entgegen.

„Man kann auch nichts mehr von Elke hören, die ist nämlich schon seit sechs Wochen krank", entgegnete Jule mit einem Leuchten in den Augen.

„Und was macht die Versetzung? Willst du an der Schule bleiben oder doch nochmal einen Wechsel in Angriff nehmen?"

„Ach quatsch. Ist doch alles easy." Jule wirkte zufrieden.

„Ich war mir ja anfangs sicher, dass sie dir aus dem Weg gehen wird. Aber die Szene im Klassenraum habe ich bis heute nicht vergessen. Meinst du echt, dass es gut ist, wenn du dableibst?" Auf Katjas Stirn waren Sorgenfalten aufgezogen.

„Du erinnerst dich bestimmt noch an die Geschichte mit der alten Dame im Park, oder?"

Jule nickte.

„Sie sagte, wenn alle anderen außer der einen Dummen kollegial sind, dann ist es einen Versuch wert. Ich komme mit allen gut zurecht, sie hat sich nicht geirrt. Und die eine Dumme ist momentan krank. Bis sie wieder zurückkommt, ist der Stichtag vorüber, meine Versetzung ist durch. Ab da kann sie die Wände hochkrabbeln oder sich sonst wie gebärden. Damit macht sie sich nur noch lächerlicher als sie sich sowie schon gibt. Sonja hat nämlich einigen Kollegen von ihrem Ausraster berichtet. Da denkt sich jetzt schon der ein oder andere sein Teil. Also von daher, ich habe mich dort gut eingearbeitet, ich bleibe dort. Es gibt ja keine Probleme mehr."

Katja schien nicht gerade überzeugt und meinte: „Ich weiß trotzdem nicht. Irgendwie habe ich ein komisches Gefühl. Der Frau traue ich alles zu…"

Katja sollte Recht behalten.

Eine Woche vor Ablauf der sechsmonatigen Abordnungszeit wurde Jule zur Schulleiterin bestellt. In der Annahme, ihr die Mitteilung zur Versetzung unterzeichnen zu müssen, ging Jule nach der letzten Stunde zu Frau Meuken. Aber statt des angedachten Formulars legte die Schulleiterin ihr ein Einladungsschreiben vor.

„Was ist das denn?", fragte Jule mehr als irritiert.

„Ich habe keine Ahnung. Meine Anweisung lautet lediglich, Ihnen die Einladung zum Personalgespräch persönlich auszuhändigen und festzustellen, dass Sie sie erhalten haben. Vielleicht will man sich ja nur nochmal versichern, ob Sie sich auch wirklich wohl bei uns fühlen." Auch Frau Meuken war verunsichert.

„Aber das habe ich doch schon schriftlich bekundet?" Jule wurde nervös. Mit Daumen und Zeigefinder spielte sie an der Tischdecke herum.

„Ich habe Herrn Kalter angerufen und gefragt, was denn besprochen werden soll. Es steht ja nichts auf der Einladung, woran man den Gesprächsinhalt irgendwie festmachen könnte. Das ist schon sehr unüblich. Jedenfalls war er sehr kurz angebunden, hat keinerlei Auskünfte gegeben und nochmals betont, ich solle Ihnen auf jeden Fall unverzüglich mitteilen, dass für Sie Dienstpflicht besteht, zu kommen."

Frau Meuken sprach langsam und ruhig und blickte Jule die gesamte Zeit über in die Augen.

„Bitte?"

Es kam mehr flüsternd, und es brachte Jules Unwohlsein unmerklich zum Ausdruck.

„Haben Sie noch Kontakt zu Ihrem Anwalt?"

„Ähm, seit der Abwicklung vor sechs Monaten nicht mehr? Warum?"

Frau Meuken räusperte sich und sagte: „Frau Schmidt, es ist nur so ein Gefühl. Verstehen Sie mich nicht falsch, ich möchte Ihnen keine Angst machen. Aber ich kenne Kalter und weiß, wie er tickt. Und ich kann mich meines Gefühls nicht verwehren, dass es besser für Sie wäre, wenn Sie zu dem Gespräch nicht allein hingehen. Irgendetwas stimmt nicht mit dieser Einladung, das sagt mir meine innere Stimme. Tun Sie mir den Gefallen und rufen Sie Ihren Anwalt an. Ich glaube, Sie sollten ihn dabeihaben."

„Mhm, und ich dachte, es wäre endlich alles vorbei."

Jule dankte für das Gespräch und ging mit feuchten Augen zum Auto.

Da war es wieder. Mit aller Macht und mit einem Schlag hatte es sich durchgesetzt. Dieses Gefühl, wenn der Kloß sich im Hals verfestigt, wenn sich das Surren und Schwirren wie ein Engelsschein um den Kopf legt, man nicht mehr klar denken kann und am liebsten gegen die Wand rennen würde.

5 Abgesang

Herr Gössel erschien kurz vor der vereinbarten Zeit am vereinbarten Treffpunkt.

„Ich hätte nicht gedacht, dass wir uns hier nochmal wiedersehen."

Diese Feststellung machte es auch nicht besser, Jule reichte Herrn Gössel brav die Hand zur Begrüßung.

„Nervös?", fragte er Jule.

„Nein, ich würde eher sagen angespannt."

Herr Gössel richtete sich die Krawatte und drehte seinen Kopf Richtung Haupteingang.

„Also dann, auf in den Kampf. Und wie besprochen, Sie sagen keinen Ton, okay? Wir hören uns nur an, was er zu verkünden hat und gehen wieder. Alles andere erledigen wir schriftlich. Alles klar?", versicherte sich Herr Gössel lieber nochmal.

Kurze Zeit später standen sie beide vor Kalters Bürotür, die geschlossen war. Wer hätte gedacht, dass sich das Szenario von einst so schnell wiederholen sollte.

Herr Gössel klopfte, sie traten ein. Kalter stand am Fenster und grinste ihnen höhnisch entgegen. Man konnte ihm auf der Stirn ablesen, welche perfiden Gedankenströme gerade durch sein Hirn hindurch schossen, wie er sich sonnte in seiner Machtposition, da es ihm gelungen war, Jules Akte nicht schließen zu müssen, sondern sie erneut einbestellen zu können. Hinzu kam wieder mal eine Protokollantin, man setzte sich an einen kleinen Tisch.

„So, Frau Schmidt, dann wollen wir mal", eröffnete Kalter die Gesprächsrunde und schlug seine mustergültig geordnete Aktenmappe auf.

„Ich habe Sie um dieses Gespräch gebeten, da Vorfälle der jüngsten Vergangenheit und ein nicht angepasstes Lehrerverhalten Ihrerseits mich leider dazu zwingen, der Versetzung an die Otto-Klarson-Schule erst einmal nicht stattzugeben."

Er machte eine bewusste Pause und blickte Jule über seine Brille hinweg schauend an. Dabei krampfte er seine Lippen spitz zu und zischte dadurch ein paarmal ein und aus.

Herr Gössel fasste sich als erster und fragte: „Sie benutzten die Stichworte Vorfälle und Lehrerverhalten. Dazu machen Sie jetzt nähere Angaben?"

„Aber natürlich, geschätzter Herr Gössel, selbstverständlich."

In seiner Selbstherrlichkeit blätterte er in seinen Unterlagen und begann unbarmherzig und herablassend, wie es seine Art war, die Gründe für seine Entscheidung vorzutragen.

Die Phrasen und Sätze prasselten auf Jule ein, sie saß stocksteif auf ihrem Stuhl und blickte dem sich ausgesuchten Fixpunkt an der Wand entgegen. Herr Gössel kritzelte rege so schnell er konnte Notizen über Notizen auf seinen Block. Er war gewillt, jedes einzelne Wort Kalters in Steno Manie festzuhalten, um später auf jedes Detail eingehen zu können.

Es war unglaublich, unfassbar und nicht wirklich greifbar, was Kalter von sich gab. Eine einzelne Person schaffte es, ein ganzes Gebilde von machterhabenen Idioten für sich einzunehmen und sie nach ihrer Pfeife tanzen zu lassen. Elke war nach Kalters Angaben wöchentlich beim Personalrat der Otto-Klarson-Schule vorstellig gewesen und hatte dort begonnen, eine Kampagne gegen Jule zu starten, welche einem Kriegszug gleichkam, ohne dass Jule diesen auch nur eine Sekunde lang wahrgenommen hatte. In den dortigen Gesprächen hatte sie sich beschwert über Jules Abordnung an die Schule, sie gab vor, darunter massiv gesundheitlich zu leiden. Später gab sie dann zu Protokoll, Jule störe den Schulfrieden, alle Kollegen hätten Angst vor ihr. Eigentlich sei Jule die Mobberin und hätte es geschafft, alle Welt glauben zu lassen, sie sei gemobbt worden. Die Vorfälle an der alten Schule seien genau anders herum zu betrachten und nun habe jeder an dieser Schule Angst, er könnte das nächste Opfer von Jule sein. Dem Personalrat wurde himmelangst und bange, so dass er ein entsprechendes Schreiben an die Schulaufsicht formulierte, mit der Bitte um Beendigung der Unterrichtstätigkeit für Jule, ohne sie je angehört zu haben.

Dem nicht genug, war Elke weit gereist zu Kalter und auch zu Müller, mehrmals. Beide Männer überzeugte sie davon, zu glauben, dass Jule an keiner Besprechung oder Konferenz teilnahm und nicht gewillt sei, sich ins Kollegium zu integrieren. Im Lehrerzimmer sähe man sie so gut wie nie, schulinterne Absprachen verletze Jule nach Strich und Faden, Arbeitspläne missachte sie und die Schüler würde sie negativ gegen Kollegen und die Schule im Allgemeinen beeinflussen.

Den Vorfall im Klassenzimmer hatte Elke so dargestellt, dass Jule sie in den Raum gezogen und fertiggemacht habe. Elke fühle sich nun gemobbt.

Stille. Sekundenlang.

Herr Gössel räusperte sich, legte den Stift beiseite und schaute zu Jule. Diese saß noch immer in Schockstarre verharrend zur Wand blickend und rührte sich nicht.

„Herr Kalter, glauben Sie wirklich an all das, was Sie gerade von sich gegeben haben?" Herr Gössel hatte seine Frage ruhig und langsam formuliert.

„Ich habe schriftliche Unterlagen von Herrn Müller darüber."

„Dann hätte ich die gern in Form einer Kopie ausgehändigt", hielt Herr Gössel sachlich entgegen.

„Nein, das sind meine Unterlagen. Ich werde Ihnen nichts kopieren." Er krallte seine Mappe mit beiden Händen so fest, dass sie leicht blau wurden.

„Herr Kalter", meinte Herr Gössel mit leicht säuerlichem Unterton, „wollen Sie durch Ihre Sturheit erneut ein monatelanges Prozedere in Gang setzen? Um das Ganze zu beschleunigen, händigen Sie mir jetzt die Kopien aus, ich verfasse eine Stellungnahme zu Ihren haltlosen Vorwürfen, denn ich kann Ihnen hier und jetzt schon versichern, dass nichts von den Aussagen der Wahrheit entspricht, und dann sind wir in vier Wochen endlich am Ende einer Odyssee angelangt. Andererseits gibt es natürlich noch einstweilige Verfügungen, Gerichte usw. Sie beeinflussen durch ihr Handeln...", weiter kam Peter Gössel nicht.

„Nein, Sie kriegen von mir gar nichts. Es hat auch sowieso keinen Zweck mehr, ich habe bereits veranlasst, dass die Abordnung um weitere zwölf Monate verlängert wird. Natürlich unter Auflagen."

„Was denn für Auflagen und wieso haben Sie schon etwas veranlasst, wir sind doch gerade erst hier in der Besprechung?" Herr Gössel war nun doch versucht, ähnlich wie seinerzeit in Rohrweil seine Fassung zu verlieren und wurde tatsächlich etwas lauter und barscher in seiner Tonfärbung.

„Die Schreiben befinden sich auf dem Dienstweg und hätten eigentlich heute zugestellt werden sollen. Frau Schmidt wird die kommenden Monate wöchentlich beim örtlichen Personalrat vorstellig werden, sie wird sich dort den Fragen stellen. Frau Meuken wird von mir beauftragt, Monatsberichte zu verfassen über Frau Schmidt, dazu wird sie auch regelmäßig den Unterricht von Frau Schmidt besuchen. Nach vier und nach sechs

Monaten treffen wir uns abermals hier in der Schulaufsicht zu Personalgesprächen und werden ausdiskutieren, wie es mit Frau Schmidt weitergeht." Bei seinen Worten legte sich Kalter gemütlich in seinem Sessel zurück und kaute auf einem Brillenbügel herum.

Ein Wortgefecht wie vor Gericht nahm seinen Lauf, die Protokollantin resignierte nach kurzer Zeit und trank stattdessen ein großes Glas Wasser in einem Zug leer. Herr Kalter erbost und hochrot im Gesicht schrie Herrn Gössel an, Herr Gössel mehr als aufgebracht redete immer wieder von anderen Instanzen, an die man sich nun wenden würde, er solle sich das gut überlegen.

Unterdessen regte sich etwas in Jule, was sie aus Ihrer Starre lösen ließ. Ihre Finger fummelten so lange am Schlüsselbund herum, bis sie es geschafft hatte, drei Schlüssel aus dem metallenen Ring herauszudrehen. Als sie sich erhob und sich den Riemen der Handtasche über die rechte Schulter legte, verstummten die Männer für einen Moment und schauten ungläubig zu Jule auf.

Einem inneren Reflex folgend knallte sie die Schlüssel mit der Handfläche auf den Tisch, sodass sich die Protokollantin auf der Stelle am zweiten Wasser verschluckte und Kalter vor Schreck zusammenzuckte.

„Lassen Sie es gut sein, Herr Gössel. Das hat keinen Zweck. Da könnten Sie auch mit der Wand sprechen, die Tapete würde Ihnen mehr Kompetenz entgegen strahlen als Herr Kalter je innehaben wird." Jule war plötzlich ganz ruhig aber klar in ihrem Blick und ihrer Aussprache.

Zu Kalter gewandt sagte sie: „Ich lasse mich hiermit beurlauben und zwar so lange, bis das hier endgültig geklärt ist. Sie nehmen im Protokoll auf, dass ich die

Schulschlüssel an Herrn Kalter übergeben habe und Sie, Herr Gössel, werden meine Beurlaubung schriftlich formulieren. Ich würde sagen, wir telefonieren später. Ich gehe jetzt zur Polizei und stelle eine Strafanzeige gegen Elke Manns."

Herr Gössel nickte nur und ließ sich ein leichtes Grinsen nicht nehmen.

Jule drehte sich um und verließ das Büro.

Es war tatsächlich das letzte Mal, dass Jule mit Kalter zu tun hatte. Herr Gössel regte ein Verfahren vor dem Verwaltungsgericht an. Dieses wurde jedoch gar nicht erst eröffnet. Dem Richter hatte das Lesen der Akten ausgereicht, um zu erkennen, welches Spiel mit Jule gespielt wurde. In einer außergerichtlichen Einigung mit der oberen Schulaufsicht und der Rechtsabteilung des Kultusministeriums erhielt Jule den sofortigen Versetzungsbescheid an die Otto-Klarson-Schule.

Elke Manns musste sich aufgrund der eingeleiteten Dienstaufsichtsbeschwerde vor der oberen Schulaufsicht rechtfertigen für ihre arglistigen und heimtückischen Handlungen. Sie erhielt einen Eintrag in die Personalakte und wurde vorläufig suspendiert. Die Starfanzeige wurde außergerichtlich gegen die Zahlung einer Geldstrafe verhandelt.

Heiner Kalter erhielt eine Rüge und wurde versetzt.

Letztendlich hat Jule nach sehr langer Zeit und starkem Durchhaltevermögen einen Sieg errungen. Gelungen ist er ihr dadurch, weil sie auf dem Gipfel der Wiederholung der Ereignisse auf ihr Bauchgefühl hörte und sich herausnahm aus der misslichen und in dem Moment nicht veränderbaren Lage. Die Beurlaubung dauerte ein Jahr, bis es Herrn Gössel gelang, die

Einigung durchzusetzen. Monatelang ohne Gehalt, aber voller Stolz und innerer Würde über dem System in Form kranker Systemträger zu stehen. Sicher wäre es ohne die entgeltliche Versorgung durch Pauls Gehalt nicht möglich gewesen, diese Zeit zu überbrücken und bietet damit nicht jedem Mobbing-Opfer eine Möglichkeit, sich aus einer solchen Situation heraus zu retten. Amtsmissbrauch und Willkür in personas Heiner Kalter und Konrad Müller brachten das Fass regelrecht zum Überlaufen für Jule, deren mentale Verfassung aufgrund der Psychotherapie so gestärkt war, dass sie in diesem Moment nicht zusammenbrach, sondern das einzig Richtige für tun ließ, Rückzug.

Es gab für Jule nur zwei Möglichkeiten: Gnadenlose Kampfansage oder Rückzug und andere für sich kämpfen lassen. Letzterer war Jules Weg, die inzwischen nur noch stundenweise in der Schule unterrichtet und sich die übrige Zeit damit beschäftigt, andere Mobbing-Opfer in ihrem Kampf zu unterstützen. Eine eigene Beratungsstelle gibt ihr inhaltlich heute mehr Sinn, als die alleinige Berufung zum Beruf.

Ausklang: Einige Wochen nach ihrem Erfolg fuhr Jule nochmals nach Rohrweil. Bei schönstem Wetter hoffte sie darauf, die alte Dame im Park wiederzutreffen. Sie wollte sich bei ihr bedanken und ihr den Ausgang der Geschichte berichten. Leider saß sie nicht auf der Parkbank, auf der sie sonst wohl jeden Mittag verweilte, wie ein freundlicher Parkbesucher verriet. Jule legte das Taschentuch auf „ihre" Bank und war sich gewiss, dass E.V. es finden und abholen würde und sie durch diese Geste erfahren würde, dass ihr damaliger Ratschlag der richtige gewesen war.

Der Schrei

Sandra hat ein Baby bekommen. Nach einem Jahr Elternzeit möchte sie wieder in den Beruf einsteigen, um neben Windeln, Brei und Schnuller eine Abwechslung zu haben und auch, weil sie gerne arbeitet, weil sie ihre Arbeit mit Schülern vermisst…

Zum Wiedereinstieg ließ sie sich an eine Schule in der Nähe versetzen, bekam auch einen Platz in der Kindertagesstätte am selben Ort und freute sich auf den ersten Arbeitstag.

Nach sechs Wochen sah sie einer gewissen Ernüchterung ins Auge. Die Freude war verflogen. Alle Kollegen siezten sich, was Sandra von der alten Schule her gar nicht kannte. Selbst mit ihrer Kollegin, mit der sie sich eine Klassenleitung teilte und häufig Teamteaching durchführte, war es nicht möglich, sich auf ein "Du" zu bringen. Sandra war neu an der Schule, sie hatte viele Fragen an die verschiedensten Kollegen bis hin zur Schulleitung. Jedoch waren alle Antworten kurz und angebunden. Nach vier weiteren Wochen fiel die Co-Klassenleiterin aus, Sandra stand nun mit der schwierigsten Klasse der Schule allein da. Keiner half ihr.

So berief sie eine Klassenkonferenz ein und erhoffte sich, nachdem sie alle Probleme bezüglich der Schüler und der damit verbundenen Elternhäuser geschildert hatte, tatkräftige Unterstützung und Angebote ihrer Kollegen entgegennehmen zu dürfen. Von zehn Kollegen waren nur vier erschienen, diese ignorierten sie völlig, tranken Kaffee und unterhielten sich über andere Dinge. Als Sandra zweimal nachfragte, wer ihr unter die Arme greifen würde oder wer eine Idee hätte, wie man die Klassenprobleme angehen könne, standen die Kollegen auf und gingen kopfschüttelnd raus.

Weinend fuhr Sandra nach Hause und überlegte, ob sie nicht einen Fehler mit der Versetzung gemacht hatte. Sie nahm ihr kleines Kind in die Arme, ließ sich von Mann und Hund trösten und gab sich noch eine Chance.

In den nächsten Tagen wurde Sandra im Lehrerzimmer von allen anwesenden Kollegen ignoriert. Hatte sie Fragen, wurden sie gar nicht oder schnodderig beantwortet. Sandra fühlte sich gemobbt.

Sie besuchte eine Freundin, eine pensionierte Lehrerin, die während ihrer Dienstzeit an fünf verschiedenen Schulen tätig war. Sie berichtete Sandra von einigen durchgemachten Situationen und baute sie von Besuch zu Besuch immer mehr auf. Sandra wurde durch diese Ratschläge, die sie bei allen Besuchen erfuhr, stark und traute sich eines Tages, eine unglaubliche Aktion durchzuführen: Sie entwarf ein Plakat und hängte es an der Lehrerzimmertür auf. Darauf stand: "2. große Pause bitte alle Kollegen versammeln zur Besprechung wichtiger Informationen…". Nur dieser eine Satz stand darauf geschrieben, nichts weiter.

Wie erwartet, kamen alle Kollegen ins Lehrerzimmer, die Neugierde war schließlich geweckt.

Was niemand der Anwesenden jemals zu vor erlebt hatte, spielte sich jetzt ab.

Sandra stellte sich in den Türrahmen des Lehrerzimmers, alle Augen waren auf sie gerichtet, und dann schrie sie aus Leibeskräften heraus zehn Sekunden lang einen entsetzlich lauten und schrillen Schrei. Viele hielten sich die Ohren zu, schauten weiter auf Sandra, die direkt nach dem Schrei verkündete: "So fühle ich mich seit vier Monaten, weil Ihr mich ignoriert, demütigt und verletzt. Wenn Ihr möchtet, dass es mir bessergeht, dann hört endlich auf damit!!! Was seid Ihr alle nur für Unmenschen!!!"

Sandra drehte sich um, setzte sich ins Auto und machte sich auf den Weg nach Hause.

Am nächsten Morgen fuhr sie ziemlich nervös in die Schule. Als sie das Lehrerzimmer betrat, lächelten ihr etliche Augenpaare entgegen. Ein Kollege kam auf sie zu, reichte ihr die Hand und sagte: "Tolle Aktion gestern. Es tut mir leid, mir war das gar nicht bewusst. Manchmal ist es doch gut, wenn frisches Blut ins Kollegium kommt, damit alle aufwachen. Hier war was los, als Du weg warst… Dir müssen doch die Ohren geklingelt haben?"

Mit freudigen aber feuchten Augen setzte sie sich zu Thorsten an den Tisch – der Anfang war gemacht.

Aussortiert

Ines, 47 Jahre jung, ging seit jeher in ihrem Beruf als Lehrerin voll auf. Die Kinder waren aus dem Gröbsten raus, ihr Mann war glücklich in seinem Job. Für den Haushalt und den Garten hatten sie eine Haushaltshilfe engagiert. Ines konnte nach der Familienzeit also wieder voll durchstarten.

Nach einem Jahr voller Tatendrang wie in alten Zeiten kam die erschreckende Diagnose ihres Arztes: Zysten im Unterbauch. Sie gab die Diagnose nicht bekannt, wollte keine Mitleidsbekundungen durch Kollegen haben, sondern schnell wieder gesund werden. So teilte sie nur mit, dass sie krank sei und sich operieren lassen müsse. Bald sei sie wieder an Bord. Vielleicht ein Fehler, wer weiß das schon im Nachhinein…

So wusste keiner, warum Ines ins Krankenhaus musste, nur, dass sie operiert wurde. Die Operation verlief nicht komplikationsfrei, leider. Und so schlossen sich nach der ersten noch einige weitere Operationen an. Freunde und Bekannte aus dem Kollegium meldeten sich bald nicht mehr, der Personalrat schickte eine Karte und einen Blumenstrauß ins Krankenhaus. Das war`s.

Nach einem Jahr kehrte Ines in die Schule zurück. Sie freute sich auf die Arbeit, fühlte sich stark und ausgeglichen. Mit der Amtsärztin hatte sie eine Wiedereingliederung vereinbart, die sie schrittweise in den Schulalltag zurückbringen sollte.

Die Begrüßung mit dem Schulleiter fiel kurz aus und angebunden. Der Stundenplan wies nicht wie von der Amtsärztin vorgegeben sechs, sondern zehn Stunden aus. Als Ines das Lehrerzimmer betrat, schauten ihre einstigen Kollegen weg, keiner sagte "Hallo" oder bot ihr einen Platz an. Einzig Rolf schaute auf und murmelte Paul entgegen: "Ah schau, da ist sie wieder. Mal sehen, wie lange sie durchhält. Sicher müssen wir dann wieder die Vertretungen auffangen."

Ines war wie gelähmt. Sie eilte zum Personalrat. Herr Sänger nahm sich ihrer an und meinte, sie bräuchte sich nicht zu wundern. Die Kollegen seien sauer auf sie. Auf die Warum-Frage antwortete Herr Sänger, dass sie damals verkündet hätte, bald wiederzukommen. Ihr Versprechen hätte sie allerdings nicht gehalten und so sei das Gerücht entstanden, sie habe heimlich einen Versetzungsantrag gestellt, weil sie die Kollegen und die Schule unmöglich finden würde. Ines verneinte, Herr Sänger glaubte ihr, doch er könne gegen die Gerüchteküche nichts tun. Zum Stundenplan vereinbarte er einen Termin mit dem Schulleiter am nächsten Tag. Ines solle erstmal den Unterricht aufnehmen.

Auch im anberaumten Gespräch ging der Schulleiter nicht von den geplanten zehn Stunden ab. Ines hätte sich ja schließlich ein Jahr lang ausgeruht und müsse der Schule nun zurückgeben, was sie sich genommen habe. Ines fing an zu weinen, so hatte sie sich den Wiedereinstieg nicht vorgestellt. Herr Sänger versuchte zwar, den Schulleiter umzustimmen und auf die Richtlinien einer Wiedereingliederung hinzuweisen, er erreichte nichts.

Ines wendete sich ans Schulamt. Sie bekam einen Termin in der kommenden Woche. Herr Sänger begleitete sie. Doch auch hier ließ man sie abblitzen. Der Schulrat meinte lediglich, ihm seien die Hände gebunden, innerhalb der Schule entscheide der Schulleiter, was er für richtig halte.

Ines informierte die Amtsärztin. Doch diese konnte ihr auch nicht helfen. Sie habe ihre Empfehlung ausgesprochen, was das Schulamt und der Schulleiter daraus machen, obliege nicht ihrer Verantwortung.

Und so schleppte sich Ines einige weitere Wochen in die Schule, zehn Stunden laut Stundenplan plus drei bis vier Vertretungsstunden in undisziplinierten Klassen, drei Aufsichten auf dem Schulhof, wöchentliche Einladungen zu Personalgesprächen mit dem Schulleiter, wo sie sich für Äußerungen und Verhaltensweisen rechtfertigen sollte, die dem Schulleiter seitens des Kollegiums angetragen wurden. Konkrete Personen wurden natürlich nicht benannt.

Ines bekam in den kommenden Wochen eine Erkältung nach der anderen. Sie musste sich häufiger krankmelden, die schrittweise Wiedereingliederung hatte der Schulleiter schnell beendet. Schon nach vier Monaten war Ines bei voller Stundenzahl angekommen. Die Kollegen mieden sie, wenn sie da war und bekundeten laut und abfällig, wie viele Vertretungsstunden sie schon wieder durch ihre Ausfälle übernehmen mussten.

Ines wand sich erneut an Herrn Sänger. Die Frau tat ihm leid, aber helfen konnte er ihr nicht. Er riet ihr, einen Versetzungsantrag zu stellen. Ines befolgte den Rat und musste nach Abgabe des Antrages prompt ins Schulleiterzimmer. Dieser lachte bei ihrem Eintreten schallend auf und zerriss ihren Antrag vor ihren Augen.

"Das haben Sie sich so gedacht, was? Immer wieder fehlen und sich dann einfach aus dem Staub machen. Aber nicht mit mir!"

Zu Hause brach Ines zusammen, ihr Mann brachte sie zum Hausarzt. Dieser schrieb sie krank und bat Ines, einen Termin beim Psychologen zu vereinbaren. Ines begab sich in die Hände eines Psychotherapeuten und ging zur Mobbing-Beratung. Eine erneute amtsärztliche Untersuchung bescheinigte ihr dieses Mal die Dienstunfähigkeit.

Wie geht es Ines heute?

Sie sitzt mit 49 Jahren und 43 Prozent der eigentlichen Ruhestandsbezüge auf der Couch und sieht sich als Verliererin des Lebens. Da ihr Mann einen gut bezahlten Job hat, kommen sie finanziell weiter über die Runden. Für die nun arbeitsfreien Jahre hat Ines noch keinen Plan. Sie hofft, dass die Amtsärzte sie in drei Jahren wieder für dienstfähig befinden.

****

Wie viel Schuld trägt ein Mobbing-Opfer am stattfindenden Mobbing? Keine! Dennoch werden meistens die Opfer bestraft. Die Täter lässt man gewähren. Und wie viele schauen weg? Zu viele!

Als Ausweg blieb nur das Dach

Dies ist die Geschichte von Janne und Martin.

Nach dem furchtbaren Unglück, es jährte sich im Frühjahr zum ersten Mal, sitzt Martin allein in seiner Küche. Ein Becher Kaffee dampft vor sich hin. Vor ihm liegt ein neues und unbeschriebenes schwarzes Notizbuch. Er nimmt einen Stift und beginnt, die Geschichte aufzuschreiben, die so viel Leid in seine Familie brachte. Er möchte sie für seine Tochter festhalten und sie ihr zum rechten Zeitpunkt zum Lesen geben. Im Moment ist sie noch zu klein für alle Details. Aber später, wenn ihr Verständnis gereift ist und sie anfängt, Fragen zu stellen, wird Martin ihr das kleine Notizbuch überreichen. Statt zuzuhören, wird sie lesen und dadurch vielleicht besser begreifen, was ihrer Familie geschah, als sie noch ein Kind war.

Und so beginnt Martin, zu schreiben. Seite für Seite füllt sich das Büchlein…

…Ich sitze hier, allein, am Küchentisch, ein Stück Papier in der Hand. Es hat sehr gelitten in den letzten 364 Tagen. Mal wurde es zerknüllt, dann wieder geglättet. Mal wurde es benässt durch nicht enden wollende Tränenströme, dann wieder getrocknet. Es ging durch unzählige Hände, denn es wurde so oft gelesen. Es hat gelitten und doch ist es da – das Stück Papier ist ein Abschiedsbrief, von meiner Frau.

Heute vor einem Jahr nahm sie sich das Leben und hinterließ mich, ihren Ehemann, und Lisa, unsere zehnjährige Tochter. Für sie stellte es den einzigen Ausweg aus ihrem Dilemma dar. Für uns ist es nachwievor unbegreiflich, warum sie es tatsächlich tat, warum nur der Suizid den einzigen Ausweg darstellte und es für sie keine anderen Wege gab.

Meine Frau, sie hieß Marianne, von Freunden und Familienangehörigen Janne genannt, war Lehrerin. Sie war eine bildhübsche Frau und bis zu ihrem Beginn ihrer Lehrtätigkeit an der Schule makellos bezüglich ihrer Gesichtshaut. Vor zwei Jahren jedoch machte sich ein kleiner Fleck auf dem rechten Wangenknochen bemerkbar, den sie zunächst einige Wochen mit Make-up erfolgreich überpinselte. Doch der Fleck wurde größer und dunkler und war nach zwei Monaten weder zu übersehen noch zu retuschieren. Drei nacheinander aufgesuchte Hautärzte konnten ihr nicht wirklich helfen. Hormonelle Schwankungen stellten die Ursache für das Chloasma dar. Die Ärzte taten sich schwer, eine genaue Diagnose zu stellen. Als langwieriger Prozess gestaltete sich auch, eine mögliche Therapie zu finden.

Janne war wegen der Hautveränderung im Gesicht unglücklich. Beschwichtigende und tröstende Worte von Angehörigen und Freunde halfen zunächst. Doch irgendwann tauchten sie auf, die ersten unangenehmen Äußerungen. Nicht etwa beim Einkaufen, in der Oper oder im Restaurant, nein – im Lehrerzimmer. Kollegin Markes meinte auf der Lehrertoilette, ob sich nicht ein Pflaster als Abdeckung anbringen ließe, schön sehe das ja wohl nicht aus. Eines Tages lag eine Broschüre eines renommierten Hautarztes, den sich kein normaler Mensch leisten kann, auf dem Platz meiner Frau. Darauf war ein Pfeil gezeichnet, der zu dem Wort Schönheitsoperation zeigte. Viele Kollegen schauten meiner Frau nicht mehr ins Gesicht beim Entgegenkommen. Angewidertes Wegschauen war angesagt. Kollege Freund bemerkte ganz nebenbei beim gemeinsamen Kopieren, das in ihrem Gesicht sei hoffentlich nicht ansteckend.

Janne schluckte alles herunter. Sie sprach mit keinem darüber, nicht einmal mit mir.

Zu Beginn der Sommerferien fiel mir ihr deutlicher Gewichtsverlust auf und ich sprach sie darauf an. Doch sie wiegelte ab und meinte, es sei eine Nebenwirkung der neuen Salbe und der neuen Tabletten.

Der Sommerurlaub an der Algarve brachte Besserung. Janne entspannte sich, erzählte mir von den Mobbing-Attacken. Sie mied die Sonne und ganz allmählich verblasste der Fleck etwas. Doch mit Beginn des neuen Schuljahres nahm alles wieder seinen Lauf. Mobbing gegen meine Frau, Mobbing gegen Janne.

Zu Weihnachten war der Fleck dunkler als noch vorm Sommer. Der Hautarzt riet zur Geduld und überwies Janne zusätzlich zum Psychologen. Dort ging sie nie hin, vielleicht hätte ich darauf bestehen sollen. Das neue Jahr brachte keine Änderung. Sie nahm wieder ab und war zusehends in sich gekehrt. Der Hautarzt entschied sich, Janne für ein paar Wochen krankzuschreiben. Das nutzte Janne, um sich durch zahllose Internetportale zu kämpfen, Chats von Betroffenen zu besuchen und Bücher über Bücher bezüglich beschriebener Hauterkrankungen zu bestellen. Dem Wahnsinn ein Ende zu setzen, meinte ich, es sei vielleicht besser, wenn sie doch wieder arbeiten ginge. Heute könnte ich mich dafür ohrfeigen, heute weiß ich es besser, es war keine gute Idee.

Am ersten Schultag nach den Osterferien kam Janne in ihre Klasse und wurde mit einem Bild begrüßt, welches auf dem Lehrerpult lag. Es zeigte ein Frauengesicht mit einem übergroßen schwarzen Fleck auf der Wange und der Überschrift „Monster". Janne fragte, wer es dorthin gelegt hatte. Die Schüler lachten nur und meinten, sie wüssten es nicht. Janne ging damit durch alle Klassenräume, befragte jede Klasse und jeden anwesenden Lehrerkollegen. Alle lächelten nur oder verstummten, keiner sagte etwas – manche Kollegen meinten nur, sie solle die Tür schließen und sie nicht weiter mit solch einem Unsinn belästigen. Als die Tür geschlossen war, hörte Janne lautes Gelächter. Ihre eigenen Kollegen redeten mit Schülern abfällig über sie und erzeugten Gelächter.

Janne ging zur Rektorin. Sie weinte bitterlich und erzählte ihr endlich von ihren Sorgen und ihrer Belastung hier an der Schule. Die Rektorin tröstete sie, doch sie wusste einfach nicht, wie sie damit umgehen sollte. Janne stand auf, ging nach Hause, rief mich an. Ich eilte zu ihr, tröstete sie ebenfalls. Die Hausärztin schrieb sie erneut krank.

Am Abend kam Peter vorbei, die Rektorin hatte ihn geschickt, weil sie wusste, dass er und Janne sich gut verstanden. Wir tranken ein Bier und sprachen über die Situation an der Schule, über Jannes Erkrankung und den Umgang unter den Kollegen. Ich fragte Peter, warum keiner sich öffentlich vor Janne stellte, warum ihr keiner half. Er schüttelte den Kopf und hatte keine Antwort. Stattdessen meinte er, Janne sollte vielleicht mal darüber nachdenken, sich einen anderen Beruf zu suchen, einen, der nicht in der Öffentlichkeit ausgeübt würde. Ich war fassungslos und bemerkte, dass das Schlafzimmerfenster offenstand. Janne hatte alles gehört.

Peter ging und Janne packte eine Tasche. Sie wolle in die Stadt fahren zu einer Freundin, um Abstand zu gewinnen und um einen klaren Kopf zu bekommen. Ich fand die Idee nicht schlecht und fuhr sie dorthin. Den ganzen Abend lang saßen wir mit Jannes Freundin und ihrem Mann auf der wunderschönen Dachterrasse, tranken Wein und sprachen über Jannes Situation. Viele Lösungen wurden besprochen und doch schien für Janne alles aussichtslos. Wir verabschiedeten uns am nächsten Morgen, es war ein langer und inniger Abschied, ein Abschied für immer. Doch das wurde mir erst später bewusst.

Am folgenden späten Nachmittag erreichte mich Jannes Freundin auf dem Handy. Ich saß im Auto auf dem Weg zur Tanzschule, um Lisa abzuholen. Jannes Freundin bat mich, sofort zu kommen, sie wolle mir erst beim Eintreffen erzählen, was passiert sei.

Als ich eintraf, sah ich ein Meer von blauen Lichtern und mein seit 2 Stunden vorherrschendes ungutes Gefühl sollte sich bestätigen. Janne hatte sich etwas angetan, sie hatte sich vom Dach gestürzt.

Ihr Abschiedsbrief sollte Klarheit bringen. Er wurde mir von einer Seelsorgerin überreicht. Ich war zu spät gekommen, konnte Janne nicht mehr helfen, nicht davon abhalten, zu springen.

Gemobbt, gekränkt, beleidigt, ausgegrenzt – wegen eines Flecks im Gesicht.

Janne schaffte es nicht, das auszuhalten. Ihr wurde viel Hilfe angeboten, nur nicht dort, wo sie sie gebraucht hätte. Janne schaffte es nur, dem Ganzen ein Ende zu setzen, in dem sie sprang.

Janne starb am 19. April 2015. Sie wurde nur 37 Jahre alt.

Martin hat mir Jannes Abschiedsbrief zur Verfügung gestellt, mit der Bitte, ihn hier mit abzudrucken.

Mein lieber Martin,

wenn Du diese Zeilen liest, wirst Du weinen und Du wirst wütend sein. Wütend auf mich, weil ich es getan habe; wütend auf Dich, weil Du vielleicht denkst, Du hättest nicht genug getan, um mir zu helfen. Sei nicht wütend, bitte. Ich bin jetzt dort, wo es mir gut geht. Ich bin all diese bösen Menschen, die mich verletzen, die mich kränken und meiner Seele wehtun, los. Und das sollte auch Dir ein Trost sein. Wir hatten so wundervolle Jahre, schöpfe aus Ihnen. Erinnere Dich an unsere gemeinsame schöne Zeit, die uns eine wunderbare Tochter beschert hat. Es ist jetzt an Dir, Dich um sie zu sorgen und sie zu erziehen. Ich bin mir sicher, dass Du das gut machen wirst. Und wenn die Zeit gekommen ist, sind wir wieder vereint. Aber bis dahin führe ein erfülltes Leben, ohne Sorgen um mich, ohne Belastung durch meine Erkrankung, ohne die bösen mich verletzenden Menschen. Nun bist auch Du erlöst, weil Du keine Lösungen mehr für mich suchen musst, für mich und für uns. Es gibt keine Gerechtigkeit in dieser Welt, die Bösen bestraft keiner, zumindest nicht in zwischenmenschlichen Beziehungen. Viele haben auf mir herumgetrampelt, haben meine Seele platt gemacht, aber nun haben sie keine Chance mehr. Nun bin ich weg und ich allein habe das entschieden, nicht sie. Ich liebe Dich so sehr, genauso wie unser kleines Mädchen. Verzeih mir, dass ich nun fortgegangen bin. Ich kann nicht anders und wenn Du jemandem die Schuld dafür geben möchtest, dann suche sie nicht bei Dir. Du warst und bist der liebste Mensch, dem ich je begegnet bin. Aber das Leben war für mich in den letzten Monaten kein Leben mehr, es war grausam, und ich werde es heute beenden.

In Vorbereitung auf dieses Buch habe ich mit Martin ein Interview durchgeführt. Es ist sehr wertvoll, da es wie der Abschiedsbrief zur Fallgeschichte dazugehört. Alles zusammen bildet eine Einheit. Außerdem sind ergänzende Erläuterungen zu erfahren.

Martin, Dir war es sehr wichtig, dass Deine und Jannes Geschichte mit in diesem Buch veröffentlicht wird. Warum?

Jannes Todestag hat mir bewusstgemacht, wie schnell Geschehnisse für die Gesellschaft in den Hintergrund rücken. Ich möchte Janne mit einer Veröffentlichung meinen Respekt zollen und ich möchte an sie erinnern und auch daran, was ihr widerfahren ist.

Gibt es noch weitere Gründe?

Jannes Geschichte, die auch zu meiner geworden ist, findet in diesem Buch einen hervorragenden Platz neben all den anderen Fallgeschichten. Menschen, die sich dieses Buch kaufen, können sich über Mobbing informieren und mit anderen darüber austauschen. Dass hier neben einer sachlichen Darstellung auch direkt über Betroffene und ihre Erlebnisse geschrieben wird, finde ich sehr gelungen. So erscheint die Thematik nicht als neutral berichtet, sondern bekommt persönliche Berührungspunkte. Ich bin Dir sehr dankbar dafür, für Dein Buch und Dein Bemühen um diese Thematik. Alle Menschen, die gemobbt werden, sollten ihre Geschichten öffentlich machen. Denn Mobbing ist Gewalt, und wenn schon die Politik uns im Stich lässt mit entsprechenden fehlenden Gesetzen, durch die Mobber Konsequenzen zu spüren bekommen würden für ihr Verhalten, so sollten zumindest die Opfer öffentlich werden und darstellen, was ihnen passiert.

Janne ist tot. Wie geht es Dir ein Jahr nach dem Schicksalsschlag?

Ich bin noch immer im Zwiespalt mit meinen Gefühlen. An manchen Tagen bin ich wütend auf Janne, weil sie aufgegeben hat und ich es als einen Sieg für die Mobbingfront empfinde. Und wütend, weil sie allein entschieden hat, zu gehen. Ich hatte keine Ahnung, dass es ihr so schlecht geht und hätte ihr gern mehr geholfen, wenn sie mich nur gelassen hätte. Und an anderen Tagen bin ich einfach nur traurig, weil mir Janne fehlt. Weil meine große Liebe nicht mehr da ist, weil die Mutter meiner Tochter einfach an allen Ecken und Kanten fehlt.

Weiß Lisa, dass Janne sich das Leben selbst genommen hat?

Nein, wir haben ihr gesagt, dass Mama an der Hautkrankheit gestorben ist. So ist es für sie im Moment besser zu verkraften. Wenn sie alt genug ist, werde ich ihr den Abschiedsbrief zeigen, ihr das Notizbüchlein zu lesen geben und ihr alles erklären. Sie soll später schon wissen, dass mobbende Menschen ihre Mutter in den Tod getrieben haben.

Du hast der Geschichte Jannes Abschiedsbrief mit zur Veröffentlichung frei gegeben. Ist das nicht zu persönlich?

Nein, ich wollte das unbedingt. Es rundet die Geschichte einfach ab. Geschichte und Brief gehören zusammen, ergänzen sich quasi. Es ist in Jannes Sinne.

Du hast mir erzählt, dass Du und Lisa umgezogen seid. Warum?

Der Umgang mit Jannes Tod war im Hinblick auf einige Menschen unglaublich und widerlich. Nach ihrem

Selbstmord habe ich jedem erzählt, warum Janne gesprungen ist. Ich fand es legitim. Daraufhin erhielt ich von der Schulrätin einen Anruf, indem sie mir zwar höflich kondolierte, aber auch nicht unerwähnt ließ, sollte ich weiterhin Mobbing durch eigene Kollegen an der Schule als Todesursache darstellen, würde sie rechtliche Schritte gegen mich einleiten. Zur Beerdigung kam fast das gesamte Lehrerkollegium und legte ein Gesteck am Sarg nieder mit einer weißen Seidenschleife, auf der geschrieben stand: „Das Lehrerkollegium der …schule vermisst Dich und wird Deiner immer gedenken". Dieses Gesteck habe ich im gleichen Augenblick über die Friedhofsmauer geworfen. Ich war entsetzt und bin es heute noch. Diesen Leuten auf Dauer im Alltag zu begegnen, wollte ich nicht mehr. Und so sind Lisa und ich in Jannes Geburtsort gezogen. Wir haben Jannes Urne mitgenommen und Janne hier eine letzte, aber schöne Ruhestätte ermöglicht. Jannes Eltern leben hier und somit hat Lisa ihre Oma und ihren Opa vor Ort, was ihr sichtlich gut getan hat in den vergangenen Monaten.

Ist Dir persönlich Hilfe zuteil geworden nach Jannes Tod?

Freunde und Familie stehen mir bis heute bei. Und ich bin eine Zeit lang zu einer Mobbing-Beratungsstelle gegangen. Ich wollte einfach mein Schicksal stellvertretend für Janne dort teilen. Es tat mir sehr gut. Das Reden über alles tat mir sehr gut und ich fühlte mich dort besser aufgehoben als bei einem Psychologen. Vor einem Monat habe ich mich verabschiedet. Ich denke, dass eine Mobbingberatung eher für Gemobbte da ist und nicht unbedingt für Angehörige, zumindest nicht so lange.

Was wünschst Du Dir für die Zukunft?

Ich wünsche mir, dass man Mobbern nicht mehr gerecht wird. An Janne sieht man, wohin es führen kann. Ein Fleck im Gesicht und man ist plötzlich kein wertvolles Mitglied mehr in einer Gruppe. Ich weiß nicht, ob es an der Berufsgruppe liegt. Aber so wie man Kindern untereinander nachsagt, sie wären grausam miteinander im Umgang und es gäbe nichts Schlimmeres, kann ich nur sagen, bei den Erwachsenen stellen die Lehrer untereinander ein ähnliches grausames Beziehungsgeflecht dar. Weder in meinem Beruf noch in den Berufsgruppen meiner Freunde und Bekannten gibt es so viel Neid, solche Gehässigkeiten, Beschimpfungen und Gespräche hinter dem Rücken von Dritten wie in Lehrerkollegien. Dein Buch und andere Veröffentlichungen zeigen es ganz deutlich, dass nicht nur zwischen Lehrern und Schülern Mobbing-Situationen stattfinden, sondern dass Lehrer sich untereinander mobben auf Teufel komm raus. Hier wünsche ich mir ein Erwachen, ein Erkennen und vor allem ein Ab-stellen dieser gesundheitsschädigenden Verhaltensweisen. Nur, weil ein Lehrer verbeamtet ist und er damit meint, ihm kann nichts passieren, verleiht ihm das keinen Freifahrtschein für Mobbing im Beruf. Was geht in diesen Menschen vor sich? Warum schädigen sie andere Menschen? Wer gibt ihnen das Recht dazu? Und warum schauen so viele immer wieder weg oder einfach nur zu? Was ist mit den oberen Instanzen? Warum sorgen diese nicht für ein Ende des Mobbings? Auch diese Fragen hätte ich gern beantwortet. Und ich wünsche mir für die Zukunft, dass man offen über Mobbing und Mobber sprechen kann und niemandem mit rechtlichen Schritten gedroht wird. Wer mobbt, gehört bestraft. Das geht auch in Richtung Politik und Strafgesetzgebung. Ein Lehrer ist eigentlich ein Vorbild. Aber viele von ihnen werden ihrer Vorbildfunktion nicht gerecht.

Was rätst Du anderen Betroffenen?

Das, was ich finde, nicht genug getan zu haben und was ich mein Leben lang bereuen werde. Wird ein naher Angehöriger oder ein Bekannter oder ein Freund gemobbt, dann helft ihm wirklich, bis die Hilfe auch zuteilwird. Es reicht vielleicht nicht aus, nur zuzuhören und Trost zu spenden. Richtig aktiv werden, das rate ich.

Was verstehst Du unter „richtig aktiv werden"?

Zum Beispiel Strafanzeigen stellen (z.B. wegen Verleumdung oder Beleidigung). Meist werden diese Anzeigen eingestellt aufgrund der mangelnden Beweislage. Aber es zeigt dem Mobber, wo der Hammer hängt und in der Mehrzahl der Fälle, hört der Mobber dann auf, zu mobben. Habe ich in der Mobbing-Beratung gelernt.

Aktive Unterstützung vor Ort. Ich hätte zum Beispiel mit zu Janne in die Schule gehen können und vor Ort die Leute als Ehemann im Lehrerzimmer vor allen anderen Kollegen lautstark zur Rede stellen können. Das hätte sicher viel gebracht. Offene und direkte Ansprache von Angehörigen, wenn der Gemobbte es selbst nicht kann.

Eigene Bedürfnisse in den Hintergrund stellen. Ich habe gemerkt, dass es Janne nicht gut ging. Aber ich habe es auf die leichte Schulter genommen und habe meine eigene Berufstätigkeit über Jannes Sorgen gestellt. Auch etwas, was ich mir nicht verzeihen werde. Ich hätte Janne mehr beobachten und ausfragen müssen. Auch ich habe viel zu lange weggeschaut und alles einfach so hingenommen. Immer im Denken, es wird schon wieder. Und wenn ein Arzt eine Überweisung zum Psychologen ausstellt, macht er das nicht von ungefähr. Ich hätte mit Janne zusammen zum Psychologen gehen müssen. Dann würde sie heute noch leben.

Einen Ortswechsel vornehmen. Janne hätte gar nicht so lange an der Schule verbleiben dürfen. Eine Versetzung an eine andere Schule wäre schon nach den Sommerferien ratsam gewesen.

Es gibt so viele Dinge, die man unternehmen kann.

****
******

Alles Gute für Martin und die kleine Lisa.

Was, wenn es wieder passiert?

Rebecca ist seit 5 Jahren als Lehrerin an einem Gymnasium tätig. In ihrem zweiten Jahr begann eine Kollegin, Rebecca gezielt zu mobben. Die Gründe dafür sind bis heute nicht bekannt. Rebecca vermutete aber, dass die Kollegin sie beneidete um den guten Stand bei den Schülern, die Kollegin selbst war total verhasst.

Viele Gespräche hatte Rebecca geführt mit dem örtlichen Personalrat, mit der Schulleitung und auch im Beisein der Sozialpädagogin mit der Kollegin selbst. Aber immer stand Aussage gegen Aussage, unternommene Attacken gegen Rebecca konnten der Kollegin nie nachgewiesen werden, da diese die Anfeindungen und Schikanen geschickt ohne Zeugen durchführen konnte. Rebecca war fast nicht mehr in der Lage, arbeiten gehen zu können, als sie erfuhr, dass sie schwanger ist.

Ihrer Gynäkologin berichtete sie von den mittlerweile sehr massiven Mobbing-Attacken durch die Kollegin, so dass ihre Ärztin für Rebecca ein Berufsverbot aussprach, um sowohl Rebecca als auch das ungeborene Kind zu schützen. Mit der Schulleitung und der zuständigen Schulaufsichtsbehörde wurde vereinbart, dass Rebecca nach der Schwangerschaft und der sich anschließenden Elternzeit an eine andere Schule versetzt wird, um sie vor der Kollegin zu schützen.

Die Zeit schritt voran – Rebecca genoss die Schwangerschaft, bekam ein gesundes Kind und erlebte eine friedvolle zweijährige Elternzeit.

Die Elternzeit neigte sich dem Ende entgegen und wie es der Teufel will, die vor zweieinhalb Jahren getroffenen Absprachen mit der Schulleitung und Schulaufsicht waren in Vergessenheit geraten. Keiner wollte mehr etwas von einer Versetzung wissen. Stattdessen bekam Rebecca ein Schreiben der Schulaufsicht, sie habe ihren Dienst zum genannten Termin an ihrer Schule wiederaufzunehmen. Alle Bemühungen, doch noch eine Versetzung zu erwirken, scheiterten. Es blieb ihr nichts weiter übrig, als gehorsame Landesbeamtin musste sie erneut in der alten Schule ihren Dienst antreten.

In den ersten drei Wochen verlief alles ruhig. Rebecca unterrichtete mit Elan und war froh, wieder stundenweise in ihrem Beruf tätig sein zu dürfen. Glückbeseelt holte sie mittags ihre kleine Tochter bei einer Tagesmutter ab und war zufrieden. Der alten Kollegin ging sie aus dem Weg, wo sie nur konnte. Aber es kam, wie es kommen musste. An einem Donnerstag erwischte die Kollegin sie in einer dunklen Ecke im Schulhaus – allein…

„Was machst Du hier, Du Miststück?! Du hast gesagt, dass Du nicht mehr zurückkommst!", fauchte die Kollegin Rebecca an und hielt sie am Arm fest.

Dabei drückte sie Rebecca in die Ecke eines Türrahmens, so dass Rebecca nicht entweichen konnte.

Hilflos dieser Person ausgeliefert, sagte sie nur: „Es tut mir leid. Aber die Schulaufsicht hat keine andere Stelle für mich. Ich muss erstmal hierbleiben."

Es klang fast so, als wolle sie sich entschuldigen für ihre Anwesenheit.

„Das kannst Du vergessen. Du bleibst gewiss nicht hier, dafür sorge ich. Verlass Dich drauf!" Damit ließ sie Rebecca zurück, die in Tränen ausbrach und zusammensank.

Ein neuer Kollege der Schule fand Rebecca – noch immer zusammengekauert und schluchzend. Er nahm sie behutsam in die Arme und sagte minutenlang nichts. Nach einer Weile, fragte er, was passiert sei. Rebecca erzählte ihm die ganze Geschichte, es prasselte nur so aus ihr heraus.

Thorsten half ihr auf und ging mit ihr in Richtung Sekretariat. Dort angekommen, verlangte er, sofort den Schulleiter zu sprechen. Dieser eilte herbei, Thorsten berichtete. Der Schulleiter war völlig überfordert mit der gesamten Situation und sagte nur: „Ja, und was soll ich da jetzt tun?"

„Was Sie jetzt tun sollen?", fragte Thorsten. „Also, ich glaube es ja nicht. Fühlen Sie sich hiermit informiert über den Vorfall. Ich fahre mit der Kollegin jetzt zum Arzt und zur Polizei. Ich melde mich hiermit ab vom Dienst, um einer Kollegin in einer Notsituation zu helfen."

Gesagt, getan. Thorsten brachte Rebecca zum Arzt, dieser nahm Druckstellen am Arm und eine psychische Belastungsstörung in der Akte auf und schrieb Rebecca sofort krank. Danach fuhr Thorsten sie zur Polizei, wo Rebecca eine Strafanzeige gegen die sie mobbende Kollegin stellte, wegen Körperverletzung, Freiheitsberaubung und Anfeindung im Dienst. Thorsten sagte als Zeuge aus.

Die Anzeige wurde aufgenommen und verfolgt. Eine außergerichtliche Verhandlung ergab eine Verpflichtung zur Schmerzensgeldzahlung in Höhe von 2.000 Euro. Die mobbende Kollegin musste den Betrag an eine soziale Institution überweisen und die Gesamtkosten des Verfahrens tragen. Im Anschluss folgte ein dienstrechtliches Verfahren gegen die Kollegin.

Hilflos und ergeben

Thomas saß in seinem Auto und umklammerte das Lenkrad. Der Schweiß auf seiner Stirn begann Perlen zu bilden, sein Herz raste, sein Puls ebenso.

Sein Blick wanderte zur Uhr, die ihm lautlos mitteilte, dass er sich noch fünf Minuten entspannen könnte, wenn an Entspannung nur zu denken wäre. Seine Gedanken waren längst im Lehrerzimmer angekommen und lösten in ihm die gewohnten unguten Gefühle aus.

Im Rücken spürte er bereits den vertrauten Schmerz. Seit Wochen hatte er Probleme in dieser Körperregion und als Biologielehrer wusste er wohl um den Zusammenhang von körperlichen Symptomen und seelischer Verfassung bei psychosomatischen Erkrankungen. Gegen die immer heftiger werdenden Rückenschmerzen nahm er seit längerem starke Analgetika, was wiederum seit Tagen schon zu heftigen Magenschmerzen führte. Manchmal litt er sogar unter richtigen Bauchkrämpfen, hoffentlich kein Magengeschwür, dachte er jetzt, als sich sein Magen zusammenkrampfte.

Thomas sammelte sich, atmete tief durch und steckte sich einen Kaugummi zwischen die Zähne. Nur kein Mundgeruch, dachte er, welcher eigentlich eine normale Begleiterscheinung bei Magenproblemen darstellt, für Thomas aber eine weitere Angriffsplattform für dumme Sprüche von Kollegen ergäbe.

Wenn ich jetzt nicht endlich gehe, schaffe ich es nicht mehr bis zum Klingeln, das Klassenbuch aus dem Lehrerbereich zu holen.

Er hatte gleich die 6d, da kamen immer etliche Kinder zu spät, die er eintragen musste. Also zwang er sich ins Treppenhaus und erklomm die Treppenstufen zum Lehrerbereich.

Ein Stich im Rücken ließ ihn auf der letzten Stufe verharren. Jetzt aber schnell, in Panik dachte er schon daran, was passieren würde, wenn er es nicht rechtzeitig schaffte. Herr Klötner war unerbittlich, was Zuspätkommen betraf, das würde Thomas sogleich ein Stelldichein im Direktorenzimmer bescheren. Darauf wollte er es nicht ankommen lassen. Er biss die Zähne zusammen und schaffte es, mit dem ersten Klingeln den Schlüssel zum Lehrerbereich ins Schloss zu stecken.

Wumm, die Tür krachte an seinen Kopf. Schlagartig waren die Rückenschmerzen vergessen, dafür tat sich ein brennendes Gefühl an der linken Schläfe auf.

„Na, mal wieder auf den letzten Drücker, Herr Schlaftablette? Nun mal zügig, Herr Kollege, hopp, hopp!", rief Kollege Weidner und ließ den lädierten Thomas erstmal im Sekretariat ein Coolpack erstehen.

Schnell das Klassenbuch der 6d unter den Arm geklemmt, etlichen Blicken von Kollegen ausgewichen, das Coolpack festangedrückt, geschafft. Klötner umschifft, zumindest für den Augenblick, betrat Thomas den Klassenraum der 6d und begann die Anwesenheit der Schüler zu kontrollieren. Einige Schüler fragten, was passiert sei. Er gab einen Rempler mit der Autotür an. Beileidsbekundungen folgten, bis Thomas im Eintragungsbereich für die Unterrichtsstunden einen Haftnotizzettel entdeckte.

Die Stimmen der Schüler plötzlich weit weg und wie durch einen Nebelschleier hindurch las er den auf den

Zettel geschriebenen Satz: „Schönen Tag noch, du Schlappschwanz von Lehrer, du Null."

Er kannte die Schrift und wusste damit auch, von wem die Nachricht stammte. Derartige Zettelchen fand er öfter in seiner Jackentasche, seinem Rucksack oder an der Frontscheibe seines Wagens. Der Schmerz im Rücken zog wieder auf.

Vergangene Woche erst war sein Rucksack verschwunden. Er war nur kurz zur Toilette gegangen und hatte seinen Rucksack im verschlossenen Klassenraum stehen gelassen. Als er zurückkam, war er weg. Seine gesamten Unterrichts-vorbereitungen, seine Papiere, sein Autoschlüssel, alles weg. Stundenlang rannte er durchs Schulhaus, suchte in jedem Winkel der Schule nach ihm, vergebens. Als er zum Parkplatz kam, um auf seine Frau mit dem Ersatzschlüssel zu warten, lag der Rucksack auf der Motorhaube.

Letzten Monat war sein Klassenbuch verschwunden, was ihm mächtig Ärger mit Klötner einbrachte und sich wieder in Luft auflöste, als ihm die gute Seele von Josie, eine der Reinigungsfachkräfte, das Klassenbuch lächelnd in die Hand drückte. Sie hatte es in der Lehrerküche hinter der Kaffeemaschine beim Saubermachen entdeckt.

Er merkte, wie sein Magen rebellierte. Mit einem Wink an den Klassensprecher verließ er den Raum Richtung Lehrertoilette und schaffte es gerade noch rechtzeitig, bevor er sich mehrfach übergab. Als er beim Händewaschen und Mundausspülen in den Spiegel schaute, konnte er nicht glauben, dass er das sein sollte. Was war aus ihm geworden, seitdem ihm dieses dumme Missgeschick passiert war?

Als er die Toilette verlassen wollte, stand Klötner davor.

„Mitkommen!", war die einzige Anweisung.

Thomas war schwach, ihm war schlecht, aber was sollte er machen, er ging mit.

„Haben Sie Ihre Klasse etwa allein gelassen?"

„Mir war so schlecht, ich musste dringend auf die Toilette", gab Thomas von sich und merkte, wie er zu zittern begann.

„Das ist unterlassene Aufsichtspflicht. Dafür bekommen Sie eine Abmahnung. Gehen Sie jetzt. Und lutschen Sie irgendetwas, das ist ja nicht zum Aushalten."

Als Thomas wieder in der Klasse stand, waren es nur noch 10 Minuten bis zur Pause. Er entließ die Kinder auf den Schulhof, nahm seine Tasche und ging zum Auto.

Er hielt es nicht mehr aus.

Kurze Zeit später saß er bei seinem Hausarzt und bat um eine Krankschreibung. Dieser untersuchte ihn sehr gründlich und stellte ihm unendlich viele Fragen.

„Herr Kümmert, Sie werden gemobbt an Ihrem Arbeitsplatz, das ist Ihnen doch bewusst, oder?", fragte ihn Dr. Klein.

„Ich weiß nicht, was ich dagegen tun soll. Seit der Sache damals, sind alle gegen mich."

„Aber was in Gottes Namen ist denn damals passiert?"

„Ich war Mentor für unsere Referendarin. Sie war keine besonders talentierte Pädagogin, aber sie tat mir leid. Und so habe ich für sie den ersten Unterrichtsbesuch vorbereitet und alles mit ihr eingeübt. Leider hat sich ein Kind verquatscht und sie hatte damit 0 Punkte kassiert. Ich wollte doch nur helfen. Sie hingegen wollte sowie aufhören mit dem Referendariat, da sie erkannt hatte, dass Sie völlig falsch im Lehrerberuf ist. Sie ging, ich war der Dumme. Wie ein Lauffeuer sprach sich die Geschichte im Kollegium rum. Das ist jetzt so acht Monate her?"

„Acht Monate?", staunte Dr. Klein nicht schlecht. „Meine Güte. Herr Kümmert, ich denke, Ihre Rückenschmerzen sind wirklich nur die Folge des Psychoterrors gegen Sie, die Magenprobleme kommen von den vielen Schmerzmitteln, die Sie geschluckt haben. Ich werden Sie krankschreiben, ja? Aber Sie versprechen mir, dass Sie das regeln in der Schule, okay?"

Thomas nickte.

„Gehen Sie zum Betriebsrat oder Personalrat oder wie das bei Ihnen heißt. Und wenn das keine Lösung darstellt, dann stellen Sie einen Versetzungsantrag. Aber so kann das nicht weitergehen. Sie müssen Ihre berufliche Situation ändern, ansonsten gehen Sie daran kaputt. Wollen wir hoffen, dass bei der Magenspiegelung nichts Ernsthaftes herauskommt. Und jetzt gehen Sie heim und schlafen Sie sich aus. Ich schicke die AU direkt an Ihre Schule. Morgen Vormittag kommen Sie nochmal vorbei und dann besprechen wir, wie es für Sie weitergeht, in Ordnung?" Dr. Klein gab ihm zum Abschied die Hand und drückte fest zu.

Thomas nickte stumm und verließ die Praxis.

Was Dr. Klein nicht wusste, Thomas ihm aber am nächsten Tag berichtete, war der Umstand, dass er angestellter Lehrer war. Seine Frau arbeitete als Rechtsanwaltsgehilfin bei einer Fachanwältin für Arbeitsrecht. Zu ihr ging er nach dem Verlassen der Praxis und vereinbarte die Übernahme seines Mandats in Bezug auf eine außerordentliche Kündigung.

Vier Monate später stellte sich Thomas in einer Privatschule vor und wurde sofort eingestellt. Er spielte mit offenen Karten und berichtete ehrlich, welchen Fehler er begangen hatte, aber auch, wie er dafür bestraft wurde. Er trat die Stelle an und unterrichtet seitdem wieder gern und zufrieden.

Heute, zwei Jahre später, kann er über seine Kollegen zwar nicht lachen, dafür waren die Attacken zu heftig, aber er kann erhobenen Hauptes durch die Stadt gehen und lächeln.

Die Lehrerkasse

Marianne ist seit neuestem für die Betreuung der Lehrerkasse zuständig. Keiner wollte die Aufgabe übernehmen. Da sie noch keine Zusatzaufgabe an der Schule übernommen hatte, meldete sie sich freiwillig dafür. Nach 3 Jahren kann man ja auch mal was für die Gemeinschaft tun, dachte sie.

Als sie heute das Lehrerzimmer betrat, wendeten sich alle Kollegen deutlich von ihr ab. Gespräche verstummten beim Eintreten, ihr Stammplatz am Tisch in der hinteren Ecke war besetzt.

Marianne fand es komisch, doch sie ging ohne etwas zu sagen in den Unterricht. Sie hatte heute nur 3 Stunden. Am nächsten Morgen ging ihr Sabine schon im Treppenhaus aus dem Weg, im Lehrerzimmer fand wieder das gleiche Spiel des Vortages statt. Im Sekretariat nachgefragt erhielt Marianne keine befriedigende Antwort. Frau Klink wusste nichts.

Als sie zur Toilette musste, wurde die Tür von innen zugehalten. Nun, so dringend war es nicht. Vielleicht halte ich es ja bis nach der Stunde aus, dachte sie.

In der Pause gab es Kuchen. Paul hatte Geburtstag. Er stammte aus einer Bäckerfamilie und hatte leckeres Gebäck dabei.

Als sie sich ein Stück nehmen wollte, stand Paul plötzlich neben ihr.

„Das legst du schön wieder zurück. Du bekommst keinen Kuchen."

Die Ansage kam an, Marianne ließ augenblicklich das Kuchenstück fallen.

„Aber wieso? Was ist denn hier überhaupt seit Tagen los? Kannst du mir vielleicht mal erklären?"

„Bitte? Du fragst mich, was los ist? Unglaublich. Also das fasse ich ja nicht." Drehte sich um und ging.

Marianne stand da wie blöd.

Andreas kam nach dreiwöchiger Abstinenz aufgrund eines Kuraufenthaltes frisch und erholt dazu. Es war heute sein erster Tag. Er klopfte Marianne als erstes auf die Schulter.

„Hallo, altes Haus. Alles beim alten?"

„Still!", rief Franzi von hinten. „Mit der reden wir nicht."

„Ja, aber warum denn das?" Andreas stutzte und schaute Marianne an.

„Wenn ich das nur wüsste", stammelte Marianne und verließ mit feuchten Augen das Lehrerzimmer.

Im Gespräch mit dem stellvertretenden Schulleiter verlangte Marianne eine Klärung der Situation.

Es kam heraus, dass man Marianne unterstellt hatte, sie habe Gelder aus der Lehrerkasse für ihre eigenen privaten Zwecke verwendet. Eine Kollegin, deren Name der stellvertretende Schulleiter nicht nennen wollte, habe gemeint, Marianne hätte erzählt, dass sie ja nun genug Geld habe, um ihre Autorechnung bezahlen zu können.

Tatsächlich habe die Kollegin, deren Freund in der besagten Autowerkstatt arbeitet, berichten können, dass Marianne einen Tag später ihr Auto aus der Werkstatt abholte und die Rechnung bar beglich.

Da Barzahlungen in der Höhe eher unüblich sind, ging die Kollegin davon aus, dass Marianne tatsächlich das Geld aus der Lehrerkasse für die Autoreparatur verwendet habe und erzählte es im Kollegium herum. Schnell verbreitete sich die Nachricht. Hier und da wurde noch etwas dazu gedichtet, wie das so ist mit Tratsch und Klatsch.

Der Schulleiter lud daraufhin zu einer für alle Kollegen verpflichtenden Dienstbesprechung ein. Marianne erklärte vor dem gesamten Kollegium, dass die Vorwürfe gegen sie nicht stimmen und legte die Buchhaltung der Lehrerkasse offen und gab ihr Amt ab. Der Schulleiter ermahnte das Kollegium, sich nicht an der Verbreitung von Gerüchten zu beteiligen, man sehe ja, wohin das führe und bat darum, in solchen Angelegenheiten eher miteinander als übereinander zu reden.

Das Kollegium schaute betrübt zu Boden. Die Kollegin, die das Gerücht verbreitet hatte, war nicht anwesend.

Marianne war rehabilitiert, der bittere Beigeschmack blieb.

Wohl fühlte sie sich in diesem Kollegium nicht mehr, das Lehrerzimmer suchte sie nur noch selten auf, an Ausflügen nahm sie nicht mehr teil.

Ein Dank

oder auch mehrere

Ich danke Jule, Ines, Sandra, Martin und all den anderen Betroffenen für Ihre Offenheit. Sie haben ihre Geschichten erzählt und stellen sie aus den nachfolgenden Gründen diesem Buch zur Verfügung: Alle diese Mobbing-Opfer möchten mit der Veröffentlichung erreichen, dass andere Gemobbte die Geschichten lesen. Sie sollen zum einen erfahren, dass geteiltes Leid halbes Leid ist. Andererseits soll es ihnen Mut machen, sich zu öffnen, ihre Erlebnisse ebenfalls anderen Menschen zu erzählen. Vielleicht erleichtert es sie schon, wenn sie darüber reden. Vielleicht ergeben sich daraus aber auch Lösungsansätze, die derjenige, der die Erlebnisse zu hören bekommt, unterbreiten kann. Vielleicht endet das Mobbing auch auf diese Weise, weil öffentlich bekannt wird, dass es eine Person gibt, die mobbt und die es schafft, andere Menschen mit ihrem Verhalten zu schädigen.

Daneben danke ich allen, die regelmäßig meine Treffen besuchen. Es sind nicht nur Opfer, auch Angehörige kommen. Der gemeinsame Austausch über erlebte Mobbing-Erfahrungen und den gelebten Umgang mit Mobbing an deutschen Schulen ist für mich sehr wertvoll.

Ein gebührender Dank gilt meinem Mann, der mit seiner unendlichen Geduld dieses Buches ermöglichte und mich in vielen Situationen mit Ratschlägen tatkräftig unterstützte.

Zum Schluss sei noch ein ganz besonderer Dank an eine Person gerichtet, Claire. Sie ist wie die anderen Geschichtenträger ein Opfer von Mobbing unter Lehrern, die ihre Erlebnisse aus Angst vor Repressalien allerdings nicht zur Veröffentlichung freigeben wollte. Nur mir machte sie ihre Geschichte zugänglich und es entwickelte sich daraus eine tiefe Brieffreundschaft.

Danke sagen möchte ich aber vor allem meinem Lektor, der mir wieder rückenstärkend mit Tipps und Hinweisen zur Seite stand und die Endfassung des Werkes erst möglich gemacht hat.

Anhang

Literaturverzeichnis

Folgende Literatur wurde zur Erstellung des Sachteils für das vorliegende Buch grundlegend genutzt, wobei die Autorin das Zitieren vermied

Johannson, Paula: Gefangen im System Schule. Mobbing und Gewalt unter Lehrern, Verlag: tredition GmbH, Hamburg 2014

Leymann, Heinz (Hrsg.): Der neue Mobbingbericht. Erfahrungen und Initiativen, Auswege und Hilfsangebote, Rowohlt, Reinbeck bei Hamburg 1995

Jäger, Reinhold S.: Mobbing am Arbeitsplatz Schule, Wolters Kluwer Deutschland GmbH, Köln 2014

Teuschel, Peter: Mobbing: Dynamik – Verlauf – gesundheitliche und soziale Folgen, Verlag Schattauer 2010

Blum, Heike und Beck, Detlef: Shared Responsibility Approach. Interventionsansatz zum Stopp von Mobbing am Arbeitsplatz. Praxisleitfaden für die Anwendung in Unternehmen, Verwaltung und Schule, Verlag fairaend …für den guten Umgang mit Konflikten, Köln 2014

Sebastian Wachs, Markus Hess, Herbert Scheithauer, Wilfried Schubarth: Mobbing an Schulen: Erkennen - Handeln - Vorbeugen (Brennpunkt Schule), Kohlhammer Verlag 2016

Wilfried Schubarth: Gewalt und Mobbing an Schulen: Möglichkeiten der Prävention und Intervention, Kohlhammer Verlag 2020

An wen kann ich mich als Betroffener wenden?

Nachfolgend sind Adressen von ausgewählten Mobbingberatungsstellen, Verbänden und Internetadressen aufgeführt. Natürlich sind solche Auflistungen stets Veränderungen unterworfen, so dass auf die Richtigkeit der Angaben hier keine Gewähr übernommen werden kann. Als Nutzer sollten Sie zunächst immer prüfen, ob die vorgegebenen Adressen noch aktuell sind.

a) Mobbingberatungsstellen

1. Kiel: Mobbingnetzwerk-Nord
Dorfstr. 57
24107 Kiel
Tel.: 0431-26099916

2. Schwerin (nur Rostock): Mobbing-Kontaktstelle Rostock
Henrik-Ibsen-Straße 20
18106 Rostock
Tel.: 0381-710020

3. Hamburg: Mobbingtelefon von AOK / KDA
Pappelallee 22 - 26
22089 Hamburg
Tel.: 040-20234209

4. Bremen: Arbeitsstelle gegen Diskriminierung und Gewalt
Expertise und Konflikt-beratung
Ursel Gerdes
Universität Bremen
28357 Bremen
Tel.: 0421- 21860170

5. Hannover: Mobbingberatung und Mediation e.V.
Jakobistr. 4
30163 Hannover
Tel.: 0511- 625562

6. Berlin: Mobbingberatung Berlin - Brandenburg
Uhlandstr. 127
10717 Berlin
Tel.: 030- 86391572

7. Düsseldorf: DGB-Angestelltensekretariat
Postfach 10 10 26
40001 Düsseldorf
Tel.: 0211-4301

8. Magdeburg: Schellhas Personalentwicklung
Schmiedestraße 1
39435 Borne
Tel.: 039263-904098

9. Erfurt: Brühler Herrenberg 9
99092 Erfurt
Tel.: 0361-7100756

10. Wiesbaden:
Verein gegen psychosozialen Stress und Mobbing e.V.
Am Burgacker 70
65207 Wiesbaden
Tel.: 0611-541737
11. Dresden: KISS
Ehrlichstraße 3
01067 Dresden
Tel.: 0351-2061985

12. Mainz/Wiesbaden
Aunelstraße 14
65199 Wiesbaden
Tel.: 0611-9754687

13. Saarbrücke: Mobbingberatung Saarland
Tel.: 0681-9386975

14. Stuttgart: Mobbingberatungsstelle DAG
Tel.: 0711-2292543

15. München: Konsens Mobbing Beratung e.V.
Postfach 830545
81705 München
Tel.: 089-60600070

b) Adressen / Verbände

An die nachfolgend aufgeführten Verbände können sich Lehrkräfte wenden, um sich über ihre Probleme mit Experten auszutauschen.

Bundesarbeitsgemeinschaft Lehrer gegen Mobbing
Anton-Holz-Straße 3
48351 Everswinke
Tel.: 02582-65566
Fax: 02582-99948
info@bl-mobbing.de

Grundschullehrerverband
Niddastraße 52
60329 Frankfurt/Main
Tel.: 069-776006
Fax: 069-7074780
info@grundschulverband.de

Verband Deutscher Realschullehrer
Dachauer Straße 44a
80335 München
Tel.: 089-553876
Fax: 089-553819
info@vdr-bund.de

Gewerkschaft Erziehung und Wissenschaft (GEW)
Reifenberger Straße 21
60489 Frankfurt/Main
Tel.: 069-789730
Fax: 069-78973201
info@gew.de

Deutscher Lehrerverband (DL)
Dominicusstraße 3
10823 Berlin
Tel.: 030-70094776
Fax: 030-70094884
info@lehrerverband.de

Deutscher Philologenverband e.V. (DPhV)
Friedrichstraße 169/170
10117 Berlin
Tel.: 030-40816781
Fax: 030-40816788
info@dphv.de

Verband Bildung und Erziehung (VBE)
Behrenstraße 23/24
10117 Berlin
Tel.: 030-72619660
Fax: 030-726196619
www.vbe.de

Schulpsychologie im Berufsverband Deut-scher
Pschychologinnen und Psychologen
www.bdp-schulpsychologie.de
E-Mail: kontakt@schulpsychologie.de

fairaend: Konfliktberatung, Mediation, Supervision und
Weiterbildung
Kirchplatz 5
50999 Köln
Tel.: 02236 - 379179
info@fairaend.de / www.fairaend.de

c) Internetadressen

www.fairaend.de

www.mobbing-hilfe.de

www.lehrer-online.de

www.mobbing-web.de

www.mobbing-schluss-damit.de

www.shared-responsibility-approach.de

www.trainingsraum-methode.de

www.no-blame-approach.de

www.mobbing-out.blogspot.de

www.netz-gegen-mobbing.de

www.mobbingleks.de

www.mobbing-kontakt-stelle.de

www.mobbing-help.de

www.strategien-gegen-mobbing.de

www.bl-mobbing.de

d) Internetadressen für Eltern

https://www.mit-kindern-lernen.ch/meine-schueler/mobbing/232-mobbing-vorbeugen

https://www.projuventute.ch/de/eltern/entwicklung-gesundheit/mobbing

https://zeichen-gegen-mobbing.de/hilfe

https://www.bpb.de/lernen/angebote/grafstat/mobbing/46745/infos-und-hilfe-fuer-eltern/

https://magazin.sofatutor.com/eltern/mobbing-was-eltern-tun-koennen/

https://www.irrsinnig-menschlich.de/hilfe/mobbing-in-der-schule/

https://weisser-ring.de/mobbing

Mobbing verändert die Seele!

Meistens gehen die Betroffenen durch die Hölle!

Viele verändern danach ihr Leben radikal.

Manche schaffen es nicht und leiden ein Leben lang!

Helfen Sie Mobbing-Opfern, werden Sie aktiv.

STOP   MOBBING

LOFOTEN-
 RUDI

Scenes of a Sailor's life

Short stories of a naval officer and

**Sailing instructor as a Skipper
of yachts**

Rudolf Neumann

Bibliographic information of the German National Library

The German National Library records this publication in the Deutsche Nationalbibliographie. Detailed bibliographic data are available on the Internet at http://dnb.dnb.de

Production and publishing:
BoD - Books on Demand, Norderstedt
Contact: Lofotenrudi@freenet.de
Originally published under the titel
„Lofoten-Rudi, Szenen eines Seglerlebens, 2018"
Translated by Rudolf Neumann & Dave Hughes
Cover picture: Marlies Schaper, watercolor
Cover design, layout, editing: Clemens Rettberg

ISBN: 9783746074511

About the book

260,000 nautical miles of sailing: North Sea, Baltic Sea, Mediterranean, Black Sea, North Atlantic, Caribbean and Pacific.

In more than 40 sailing short stories Rudolf Neumann, called Lofoten-Rudi, takes us along on his trips, into a world full of sailing adventures and curious events.

A work that is always entertaining, often exciting and which is sure to invoke many smiles. Not just for sailors, but also for those who just want to get a taste of sailing life.

Contents

The Nickname Lofoten-Rudi

In 1978, rarely would someone have thought of sailing with a 10m yacht, with no heating, from Hamburg, far to the north, beyond the polar circle.

At this time, there was neither GPS nor DECCA or SAT-Nav. And the good thermal clothing was not on the market.

With my S & S 34 called "SUNRISE" I nevertheless decided to take a trip to the Lofoten Islands.

On board was my fellow sailor Bernd Gallbach, usually called Galle.

The first part of the trip past Denmark and southern Norway went without major problems. We celebrated Midsummer Night on the island of Ona. Further north still we sailed into a violent northwesterly storm, with heavy gales.

Galle later described the waves as being as high as a two storey house.

In this storm, one of our foresails suffered severe damage and would need repair later back in Wedel at "Brother Sail".

We finally reached the port of Svolvaer in the Lofoten.

On the way back we wanted to sail to the Faroe Islands, but again we ran into heavy weather